JN000041

最新カラー版

～「現金買い」「地方ボロ戸建て」
「激安リフォーム」"どんどん増やす"
脇田式ボロ物件投資術～

"5万円"

以下の「ボロ戸建て」で、
今すぐはじめる

不動産投資！

ボロ物件
専門大家 **脇田 雄太**

まえがき
〜不動産投資は「現金・ボロ物件」で「今すぐ」はじめたほうが成功しやすい〜

◆ブームや融資に左右されないボロ物件投資

　私は長崎市を中心に、融資を一切使わずに現金のみでボロ物件投資を行っている元サラリーマンの不動産投資家です。

　「融資を使わずに不動産投資ができるんですか？」という声をよく耳にします。

　それに対する返答ですが、「融資なんて必要ありません。現金での投資こそ、一番効率が良いんです！」と断言できます。

　理由は次の通りです。

・ボロ物件の中には、5000円や1万円・3万円・5万円など、にわかには信じられないような低価格で売買されているものも少なからずあります。

　実際に、5万円を下回る超低価格の物件を私はこれまでにいくつも買っています。

　このような物件にはそれなりのリフォーム代がかかりますが、それでも現金買いは難しくない範囲に収まります。

　それでいて、エリアを間違えなければ、近隣相場と変わらない家賃をいただけます。

　つまり、資金効率が非常にいい投資になりやすいのです。

　（補足すると、30万円・50万円・100万円以上と金額が上がるにつれ、物件購入後に必要なリフォーム代がそれほどからないようになっていきます）。

・リフォームを含めても高利回りで仕上げられるため、5〜8年程度で投資総額を回収することができます。

　資金がない初期の頃は、セルフリフォームの必要があるかもしれませんし、資産の増えるスピードもカメのように遅く感じられるかもしれま

せん。しかし、5年後にはウサギのように複利の力でどんどん物件を増やしていくことが可能です。

・金融機関に余計な口出しをされることなく、自分にとって最適な物件を選択できます。

　儲かる物件を取得するには、物件を見極める目、適切なリフォームを適切なコスト管理のもとで実行する能力が必要です。

　努力と勉強でその力を身につけさえすれば、例えば銀行の金利など、他人に上前をはねられることなく、真の投資活動に取り組めます。

・世の中の流行り廃りに影響されず、本質的な戦略に基づいて不動産投資を拡大していけます。

「S銀行が融資を出すから地方のRCマンションに投資をしよう」

「せっかくフルローンが出るから、縁もゆかりもない場所だけれど、あのエリアのマンションを一棟購入することにした」

「レンタルルームが儲かるらしいから、やってみよう！」

　このようなブームに安易に乗っかり、不動産投資を始めた方が過去に大勢いました。しかし、皆さんもご存じの通り、失敗したケースも少なくありません。

「融資が出て、毎月の賃料で金融機関への返済額が賄える見通しが立つなら、借りられるものはどんどん借りて、投資の規模を拡大した方が良いに決まっている」

　私は別に、その考え方が間違っている、と言いたいわけではないのです。ただ、そこに自分の意志や勝算がないのなら、あまりにも無謀であるということです。

　私自身も、2008年のリーマンショック直前に、大阪府下でフルローンで約1億円の中古マンションを一棟買いしています。

　そして当時、築13年（現在築29年）で買ったこのマンションを、今

も保有しています。ここからのキャッシュフローが現金でのボロ物件投資を進めていく上での手助けとなったのは事実です。

◆1億円の借金をして買っても、手残りは30万〜40万円

　しかし、一棟マンションを16年保有してみての感想を訊かれたら、私はこう答えます。
「1億円も借金を抱えた割には大して儲かりませんでした！」
　毎月の賃収から銀行への返済額や、各種税金・保険料・原状回復費・管理清掃費を差し引くと、毎月30〜40万円程度しか手元に残りません。
（利回りは12％以上ありますから、フルローン一棟物投資の中では条件がいい方であるにも関わらずです）。
　一方で、このフルローン物件を購入した後に始めた長崎市内でのボロ物件投資のリターンには、非常に満足しています。

　10年ほど前から徐々に認知され始めたいわゆる「ボロ物件投資」は、特にここ数年、より広い層の投資家に浸透しつつあると感じています。
　理由は様々でしょうが、何より「ローンを使わないで良い」「高利回りが実現しやすい」「手持ちの現金で少額から始められる」「正しい知識があれば低リスク」等の理由が挙げられると思います。

　私自身、この手法を始めて、15年以上が経ちました。
　今のところ、1円の借金もすることなく、自分のペースで少しずつ物件を買い増すことができています。
　その結果、今では毎月400万円を超える賃料を得られるようになりました。
　現金買いですのでローンの支払いが不要ですし、土地値があってないような地方の、更に自動車が入らないような階段立地での投資ですから、固定資産税や不動産取得税もほとんどかかりません。
　また、火災保険料や地震保険料も都会と比較して相対的に安く抑えら

れます。

　このやり方をわかりやすくいうと、土地や建物等の資産を購入しているのではなく、シンプルに「毎月のキャッシュフローを手に入れるための仕組みを、長崎の階段立地のボロ物件という形で構築している」ということになります。

◆ボロ物件投資を始めるサラリーマン大家さんが増えている

　私は年間の半分を自宅のある大阪市内、残りの半分を自分自身の不動産投資と熱心な方の投資サポートを行うために長崎市内の事務所で過ごしています。

　読者の方や私のYouTubeチャンネルをご覧になった方から、毎週のように「脇田さんと同じように、ボロ物件投資を始めたいのでアドバイスが欲しい」「融資に頼らない不動産投資を行いたい」「手持ちの資金をボロ物件投資で有効活用したい」等の相談メールが寄せられます。

　ここ数年は、私の経験に基づくノウハウや人脈を駆使して、そのような皆さんの投資サポートをすることも増えてきました。

　相談に来られる皆さんの表情は、真剣そのものです。もちろん、私のことを信用して頼ってきていただいた方ですので、私も自分事として真剣に取り組ませていただきます。

　本書でも紹介しているように、その中から成功者もどんどん生まれています。

「世の中の経済情勢」や「金融機関の融資姿勢」など、自らコントロールできないものの影響をほとんど受けずに、自分の努力で着実に成果を上げていくことができるのがボロ物件投資の利点です。

　素人には難しいとか限られた人しかできない、と言う人もいますが、そんなことはありません。

　実際に、私の本を読みその手法を再現された方を第3章でご紹介しています。

中には、超がつくほどの大企業で働く、多忙なサラリーマンの方も大勢いました。ボロ物件投資が初めての不動産投資という方も、長崎に来るのが初めてという方も珍しくありません。

「ボロ物件なんかでは大きな資産を築けないでしょ？」と決めつけている人がいます。

しかし、それはその方にとっての不動産投資の常識であり、狭い視野の中での思い込みでしかありません。

「ボロ物件投資こそ様々なメリットがあり、数ある不動産投資の手法の中で最も効率よく、そして低リスクで、資産を増やせるやり方だ」と私は本気で思っています。

本書をお読みになれば、ボロ物件を続けていくつも買うことは、決して難しくないことをご理解いただけるかと思います。

1戸の家賃は月額5万円でも、コツコツと20戸集めれば月額100万円になります。100万円の家賃収入といえば、1億円のRCマンションを持っているのと同じレベルです。

その上、ボロ物件は現金で買える安さですから、不動産投資における最大のリスクであり、悩みの要因にもなる、「借金のプレッシャー」を抱えることもありません。

これだけたくさんのメリットがあるのが、本書で紹介するボロ物件投資なのです。

◆すべては勇気を出して踏み出した一歩から始まった

これまでに、失敗も含めてたくさんの不動産に関する経験を積んできました。

そのおかげで、私はどんな状況になっても、「自分で考え、自分で行動する真の投資家」として行動できる自分になれたと自負しています。

今でこそ専業の投資家として人も雇っていますが、最初の頃は東京で

サラリーマンをしながら、一人で物件を運営していました。

　大変なこともありましたが、29歳の時、勇気を出して一歩を踏み出して本当によかったと思っています。

　個人的なことですが、2011年の第1作目の執筆からはじまり、本書で第16作となります。

　これも「年に1冊ずつ本を出したい！」という強い気持ちを持ち続けたおかげかなと思っています。

　まずは行動することで、雲の上だったことも現実に変わっていきます。未来は自分の意志で変えていけるのです。

　ですから、この本で不動産投資に興味を持った方は、いますぐ本気で始めることを検討してみてください。

　本書が、一人でも多くの方の「自分で考え自分で行動する真の投資家」になるきっかけとなることを願っております。

脇田雄太

目次　　　　　　　　　　　　　　　Contents

第3章

ドキュメント!"5万円"以下の物件を発見するまでの軌跡！【秘蔵の7物件公開！】

第4章 見極めが肝心！ ボロ物件購入時の チェックポイント

第6章 ボロ物件でも満室経営を維持する方法

第1章

サラリーマンには 「少額現金・地方・空室知らず」 のボロ物件投資が最適!

15年前、サラリーマン時代に不動産投資を始めた私ですが、所有物件は最初に買った大阪のRC一棟マンションを除いて、すべて長崎市内の築古物件です。今では計200室超を所有しており、平均利回りは現在15〜20%程度を保っています。

　大家としての家賃年収は、手取りで4千万円を超えました。

　現在は物件が増えたため長崎にも事務所をつくりましたが、サラリーマンを引退後に住んでいたのは大阪でした。物件を買ったり、リフォームが終わって確認に行ったりする時は、毎回LCCで物件のある長崎まで飛んで行っていました。

　「大阪にもたくさん物件があるのにわざわざ長崎のボロ物件？　どうして、そんな面倒なことをするの?」と思う人もいるでしょう。

　答えは簡単です。これまでの経験上、少々面倒でもこのやり方が一番儲かると確信しているからです。

　この本の読者の皆さんは、サラリーマンの方が多いと思います。

　私はよく、サラリーマンの方から不動産投資について相談されますが、迷うことなく、「私と同じやり方」をおすすめしています。

　この章では、その理由を紹介します。

1 ボロ物件投資を はじめれば、自らの手で 自分自身の老後を 変えることが出来る

　以前、長崎のボロ物件投資を始められ、私もサポートをさせていただいた公務員の方から、こんな報告を受けたことがあります。

「職場の同僚たちは、退職の何年か前から天下り先を探して、あちこち回り始めます。でも、私は家賃収入があるおかげで、天下り先を探す必要がありません。年を取ってからやりたくない仕事をする必要がないのが、とても嬉しいです」
　私は、この方の人生にボロ物件投資が役に立ったことを実感し、お手伝いできたことをとても嬉しく思いました。

　この方も、ボロ物件投資に出会う前は
・**年金**
・**わずかな株の配当**
・**退職金や貯蓄を崩す**
　等をしながら、なんとか老後を乗り切るつもりでいたそうです。
　それで足りなければ、再就職という道を選ぶことになったかもしれません。

　しかし、それを望まなかったため、現役時代からコツコツと貯金をして、ボロ物件を買い、毎月、10万円を超える安定的な家賃収入を得られるようになりました。
　手をつけなければ毎年120万円、5年で600万円の貯金が増えますから、定年までに、さらに物件と家賃収入を増やすことも可能です。

思い切ってボロ物件投資を始めたことで、老後に不安を抱える人生から、**老後が楽しみな人生へと変わったのです。**

　不動産投資を始める動機として、老後の生活資金を確保したいという声をよく聞きます。

　何年か前に、「老後2000万円問題」が話題になりました。夫婦二人の無職世帯では老後30年間で約2,000万円が不足するというものですが、誰にとっても他人事ではないでしょう。

　この問題については、先ほどの公務員の方のように、現役時代から安定した家賃収入を築いておくことで、解決することが可能です。

　しかし、矛盾するようですが、やみくもに不動産投資を始めることは避けなければなりません。なぜなら、このぐらいの年齢から不動産投資を始める場合、失敗は絶対に許されないからです。

　そして、そういう層をターゲットにしたリスキーな不動産投資が世の中に多いことも、懸念する必要があります。

　「老後の生活資金に」という営業トークで良くあるのが、新築ワンルーム投資です。

　営業マンは、「ローンを完済後は家賃収入が個人年金になる」「売却すれば数千万の利益が出る可能性がある」「万が一持ち主が死亡したら保険替わりになる」などといって、セールスに励みます。

　しかし、実際には空室が埋まらず思ったような家賃が得られない、リフォーム費用が高くつく等の理由から、所有期間中の赤字に耐え切れず、破産するといったケースが後を絶ちません。

　それに、頑張ってローンを完済したとしても、すでに75歳以上の後期高齢者なんてことになれば、何のための投資か分からなくなってしまいます。

　不動産投資と一口にいっても、本当に様々な種類があります。

　老後の安心の為に始めた不動産投資が原因で、ストレスが増えるようでは本末転倒です。

　不動産投資を始めるなら、デメリットも含めて、しっかりと勉強しましょう。そして、自分に受容できるリスクを考えて、納得のいく方法で始めることが大切です。

話題の新NISA、高騰している株式投資などよりボロ物件投資が有利なワケ

　世の中には、本当に色々な種類の投資や資産運用があります。私が実践している不動産投資以外にも、株や投資信託などのメジャーな投資、FXや仮想通貨といったリスクの高いものまで、挙げればキリがありません。

　そんな数ある投資の中で、不動産投資、特にボロ物件投資の位置づけってどうなの？　とお考えの方も、多いと思います。

　ここでは、平均利回りという観点から、少し考察してみたいと思います。

　まず始めに、今大きな話題になっている「新NISA」。これは正確にいうと投資の手法ではなく、日本人が投資をすることを後押しするために国が始めた制度のことです。

　メリットは、「NISA口座（非課税口座）」内で購入した株や投資信託などの金融商品から得られた利益（売却益や配当金）は非課税になること。

　従来のNISAには金額や期間に制限がありましたが、2024年から開始された新NISAでは、投資可能枠が大幅に広がり、投資期間の縛りもなくなりました。

　具体的には、年間360万円、合計1800万円の枠内で購入した株や投資信託などで利益を得た場合は、それが非課税になります。

　通常なら利益に約20％が課税されますから、少なくとも一般口座で株や投資信託を購入するよりお得なことは間違いありません。話題になっているのはその

ためです。

　では、「新NISA」の利回りはどのくらいになるのでしょうか。各自が選択する株
や投資信託の値動き次第なので正解はありませんが、金融庁作成のグラフ「国
内外の株式・債券に分散投資した場合の収益率の分布」を見ると、保有期間
20年でのおおよその年率は2～8%となっています。新NISAもこれに近い利回
りになると予想していいでしょう。

　他の投資も同じですが、注意点として、値動きによってはマイナスになるという
ことがあります。

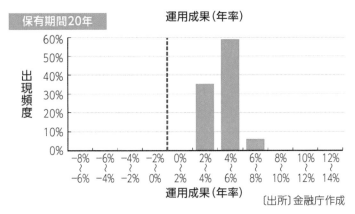

出所『つみたてNISA早わかりガイドブック』(金融庁)
※上記は、将来の運用成果を示唆・保証するものではありません。

※こちらのデータは1985年から2020年の各年に毎月同額ずつ「国内株式」「国内債券」「先進国株式」「先
進国債券」の買付を行い、各年の買付後に保有期間が経過した時点での時価をもとに年率の運用成果を算
出したものです。
※(出所)金融庁ホームページより
https://www.fsa.go.jp/policy/nisa2/about/tsumitate/guide/index.html

最初に、今話題の新NISAを紹介しましたが、他にも様々な制度や投資商品が存在します。

・iDeCo
・株、投資信託　・国債　・個人向け社債　・公社債投資信託（MMF、MRF）
・外貨預金　・外国為替証拠金取引（FX）　・暗号資産（仮想通貨）
・保険商品　・金（きん）取引　・先物取引　・オプション取引
・不動産投資　・不動産投資信託（REIT）　・不動産クラウドファンディング

　これらの一般的な投資における平均利回りは？というと、あくまで統計上の数字ですが、

安定的な商品で「年利3〜5％」
リスクの高い商品で「年利10％前後」

といったところのようです。
　この数字を見て、あれ？　意外と低いんだな…？　と思われた方もいるのではないでしょうか。特に、ボロ戸建て投資について少し勉強したことがある方は、そう感じるかもしれません。
　そして、その直感は合っています。**事実として、私が実践しているボロ物件投資は、利回りで考えると15％程度は当たり前だからです。**

　もっと言えば、ボロ物件投資では利回り20〜30％も可能です。
　実際に、私が不動産投資を始めた初期の頃は、それを実現していました。
　ただし、高利回りを狙うと、リフォームコストなどをケチる必要があります。
　そして、そのような最低限のリフォームでは、入居者さんが住まわれた後で細かなトラブルやクレームが多発して、結局手間と修理費が余計にかかってしまいます。
　それがわかったため、今では物件購入後にインフラも含めたフルリフォームを行うことで、長期的に安定した利回りを目指しています。

それでも一般的な投資商品に比べたら、あり得ないほどの高利回りであること
は確かです。

　少ない資本で始められるのに、固い利益が長く続いていくこの手法は、まさに
ローリスク・ハイリターンと言えると思います。

　私自身は投資のプロというわけではありませんし、他の投資をジャッジする資格
もありません。

　ただし、**平均的な利回りと、それに伴うリスクで比較するのであれば、ボ
ロ物件投資が優秀であることは、疑いようがない**と考えています。

　実際、株式投資を長年やっていた方が株資産の先行きに不安を感じて相談
に来られ、現物資産のボロ物件投資を始めるというケースは珍しくありません。

　築古のボロ物件をコツコツ買うという一見地味に思えるこの投資手法は、長
期視点だと他の投資にひけをとらないどころか、非常に優秀で精神的にも良い
結果を出せるという証だと思います。

3 手取り年収4000万円を超えた「脇田式」ボロ物件投資とは

第1章

不動産投資には様々な手法がありますが、私が実践しているのは、地方（長崎）の築年数がだいぶ経った中古アパートや戸建てを安く購入し、直してから賃貸に出すという手法です。

不動産投資の種別では、「ボロ物件投資」と呼ばれているジャンルです。

私個人としては、現在200室以上を所有していて平均利回りは15〜20%程度です。

簡単にいうと、市場相場に比べ〝激安〟な価格で売りに出されているボロ物件を探し出し、できるだけ安く購入します。

ほとんどが100万円以下で、安いものは5万円とか0円といった物件もあります。

購入後は家の中を新築並にきれいに、かつ20年〜30年くらいは貸し出せるようにリフォームして、相場よりも少し安い値段で貸し出し、家賃をいただきます。

貯金と家賃収入が貯まる度にこの一連の工程を繰り返し、コツコツ不労所得を増やしていくというのがこの手法の特徴です。

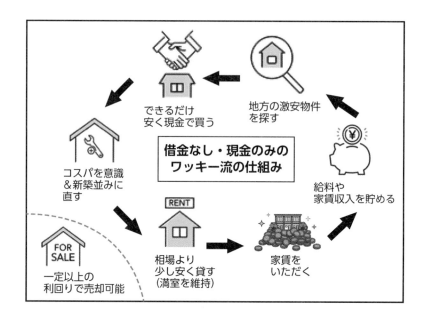

できるだけ
安く現金で買う

地方の激安物件
を探す

借金なし・現金のみの
ワッキー流の仕組み

コスパを意識
＆新築並みに
直す

給料や
家賃収入を貯める

FOR
SALE
一定以上の
利回りで売却可能

RENT
相場より
少し安く貸す
（満室を維持）

家賃を
いただく

　前述の通り、このやり方をコツコツ15年間繰り返してきた結果、現在では家賃年収5000万円（手取り4000万円）を超えるほどになりました。

　ここで不動産投資を知る方なら、「えっ、家賃5000万円に対して、キャッシュフローが4000万円は多すぎません?!」と思うでしょう。しかし、事実なのです。

　なぜなら、**「ワッキー流」のボロ物件投資は基本的に現金買いなので、入ってくるお金のほとんどが手残りとなります。**

　そのため、このような"超"キャッシュフローの不動産経営が可能になるのです。

　所有物件の平均利回りが15～20％と書きましたが、実は、もっと高利回りにすることは可能です。

　リフォームを最低限の内容に削ればいいのです。

　以前の私はそうしていました。しかし、今は多少利回りが下がっても最初にしっかりとリフォームをして、長期的に安定した家賃を得るやり方にシフトしました。

　15年以上ボロ物件投資をしてわかったのは、最初にきちんと直さないと、途中で必ずといっていいほど修繕が発生するということです。

　そして、人が住んでいる状態でのリフォームは手間もコストもかかり、利回りを押し下げます。

　つまり、初期のリフォームをおろそかにして実現した超高利回りは「最大瞬間風速」的なものであり、長期で見るとぐっと下がってしまうのです。

　一方、初期に適切な修繕を済ませておけば、安定した収入を得続けることとでき、期待値通りの利回りを長期的に維持することが可能です。

　しっかりとリフォームされた物件は、急にお金の工面が必要になったり、高齢になって売却したくなったりしたときの備えにもなります。

　ボロボロの物件では買い手がなかなか現れませんし、指値を入れられて安く買い叩かれるのがオチです。

　逆に、インフラや躯体にも手を入れた物件なら、古くても投資物件として価値がある状態が長続きするため、一定以上の価格で売却することが可能です。

　5万円でも、積み重ねれば1年で60万円、5年で300万円、10年で600万円にもなります。ボロ物件は税金が安いので、その多くが手残りです。

　ボロ物件投資といえども、10年、20年、30年と長期的に稼ぎ続けることができるのが、脇田式ボロ物件投資の強みといえます。

4 融資がつかない からこそ、 その分安く買える

　私が今のやり方を選んだ理由はいくつもありますが、その一つは、地方の築古物件はライバルが少ないということです。

　特に私が好んで買っている長崎のボロ物件や階段立地の物件は、買う人が少ないので、値段が下がり、高利回りが狙えます。

　カギは、融資のつきにくさにあります。東京や札幌、大阪や福岡などの大都市にある物件は、土地の評価が高いため、地元の人以外が買う場合にも、融資がつくことは珍しくありません。

　しかし、長崎の物件は違います。通常、土地値の安い長崎では金融機関による評価が低く、地元の人以外は融資をつけて買うことができません。

　実際、**全国を対象にしている金融機関でも、「長崎はエリア外です」と9割が答えると思います。**

　そのため、都会で見られるような、国内外の投資家たちが物件を買いに来て相場が上がってしまうという心配がないのです。

　補足すると、長崎でも平地の新築分譲マンションは、4000万円を超えるものもあります。それは、住宅ローンが使えるからです。

　収益物件でも、築年数の浅いRCマンションや車が入れるような道路付けの良い立派な家などは、融資を受けて買える可能性があります。

　しかし、そういう物件は投資対象にしません。価格が高く、儲からないからです。

私はあえて、そういう物件を外し、融資がつかない物件ばかり買っています。

繰り返しになりますが、そういう物件こそ、安く買えるからです。

現金で買う必要があり、買った後でリフォームの手間もかかるけれど、その分、高利回りを狙えるのが、長崎のボロ物件投資の魅力なのです。

融資が付かないと書きましたが、私の仲間の中には、物件を現金で買った後、日本政策金融公庫のリフォームローンを引いている人が複数います。

激安物件に投資する場合、物件価格よりもリフォーム価格の方が高くつきますので、スピードを速めたい場合には有効だと思います。

第1章

25

5 現金が必要だが、借金のプレッシャーがない

　不動産投資をする人の中には、「銀行が融資を付けるということは、銀行のお墨付きをもらったのと一緒だから、いい物件だ」と考える人がいます。

　そういう人たちは、「金融機関の融資対象外になっているエリアに不動産を買ってしまうのはリスクが高いのでは?」と思うでしょう。

　その気持ちは、私も理解できます(笑)。

　その証拠に、一棟目は大阪府内のRC一棟マンションをフルローンで買いました。私ももともとは、金融機関の評価が高い物件を買う派だったのです。

　しかし、持ってみてわかったのは、自分にはこのやり方は向かないということでした。というのも、借金のプレッシャーが予想以上にきつかったのです。

　フルローンで融資を受けられた時は嬉しかったのに、いざ、返済が始まると、気持ちが一変しました。

　毎月、自分の基本給を上回る金額の返済額を、この先もずっと返していくのかと思うと、不安でドキドキするようになったのです。

　もし、地震があったらどうしよう、事件が起きて全員退去したらどうしよう、といった心配がいつも頭の隅にありました。

　利回りが12%あり、稼働率は高く、返済比率も半分以下だったので、それほど危ない条件ではありません。それでも心配でたまらなかったのですから、自分は大きな借金をする器でなかったのだと思います。

第
1
章

その後、現金で物件を買い進め、そこからの収入だけで、一棟マンションの借金の返済ができる状態になったときは、とてもホッとしました。

私はこれまでに何冊も本を出しているため、読者の方からよく問い合わせをいただきます。

その中でも多いのが、サラリーマンの方からの「**自分も融資を受けて一棟物件を買ったが、これ以上借金をしたくないので、現金で買える脇田さんのやり方を教えてほしい**」というものです。

特に、2016年〜18年までの融資が付きやすかった時期に物件を買っている人は、借金の割にキャッシュフローが少なく、運営に苦労している人も多いようです。

その後、融資の情勢が変わったことで、「このままではマズイかも」と、現金で高利回りの物件を買い、キャッシュフローを少しでも蓄えておいて、何かあった時に備える、といった投資家の方が増えているのです。

不動産投資を始めたいという人たちに**その理由をきくと、「外資系企業でリストラにあうかもしれないので」とか、「サラリーマン一本では安心できない時代だから」とか、「老後の生活資金のため」**という答えが返ってきます。

つまり、何かあった時の備えとして、副収入を得たいと考えているわけです。

それなのに、不動産投資をやることが「大きなリスク」になってしまっては、本末転倒です。

そういう意味では、逆説的ですが、現金を使った不動産投資はこれまでレバレッジをかけて不動産投資をしていた方にも、あったやり方といえます。

特に、私のように借金への耐性が低い方に、向いていると思います。

6 人口は減るけれど、戸建ての賃貸需要は減らない

　地方での賃貸経営を避ける人が一番に挙げる理由が、人口の減少です。

　他の地方と同様、長崎でもこの先の人口は減っていくことが予想されています。

　総務省のデータを元に2022年に長崎県経済研究所が発表したデータによれば、長崎県の人口は2020年の131.2万人から、2030年には117.1万人、2050年には86.7万人へと減少することが見込まれています。

　しかし、私はこの点についても懸念していません。

　なぜなら、人口が減っても、賃貸需要が急激に減るとは考えにくいからです。

　正確にいえば、戸建ての賃貸需要はそれほど落ちないと捉えています。

　長崎に限らずですが、日本では非正規社員が増加しており、住宅ローンを組める人が減っています。

　彼らは結婚した当初、アパートや賃貸マンションに住みますが、子供ができると騒音の問題がなく、庭で子供を遊ばせられる戸建てへの引っ越しを考えます。

　しかし、**戸建て賃貸というのは、アパートや賃貸マンションに比べるとまだまだ数が少ないのです。**

　不動産投資業界では、戸建て賃貸は随分とメジャーになったように感じますが、借りる側の人たちを見ると「賃貸＝アパートかマンション」とイメージしている人が多く、「一戸建てが借りられるんですか？」と驚く人がいまだに多くいます。

　しかも、アパートとそれほど値段が変わらないとなれば、古くてもポジティブな印

象を持ってもらえます。

　実際、**長崎の戸建て賃貸では、高い入居率を維持することが難しくありません。**

　先ほど、非正規雇用が増えていると書きましたが、若い人たちの世代は、正社員になっても昔に比べると給料が上がっていきません。

　ですから、彼らのマイホームとしての戸建て賃貸の需要は、まだまだ増えていくと思われます。

　ただし、これはどの街でもそうですが、エリアを選ぶことは大事です。

　戸建てならなんでもいいというわけではないので、その点には注意が必要です。

7 戸建て賃貸は希少だけれど、ボロ物件の供給は増えている

　日本の他の地方と同じく、長崎でも高齢化が進んでいます。

　そのため、昔は高級住宅街だった山の上の邸宅から、駅前のマンションに引っ越す高齢者や、子供たちの住む街へ移動する高齢者が増えています。

　そういう人たちには、古い家をお金をかけて直して、人に貸すという発想がありません。それどころか、

「空き家にしたままで、火事でも出してご近所に迷惑をかけたらどうしよう」

「使わなくても持っていたら、固定資産税がかかってしまう。この家を残したままでは子供たちに迷惑がかかるから、早く手放してしまいたい」と考える人も多くいます。

　つまり、ボロ戸建て投資家にとっては、金の卵を産む鶏になり得る古家も、持ち主にとっては「お荷物」でしかないのです。

　その上、不動産会社に「売りたい」と相談しても、多くの不動産会社では、「買いたい人がいないから」といって、取り扱い自体を断っているケースが大半です。

　そういった人たちの多くは、お金に困っているわけではないため、「引き取ってくれるなら、いくらでもいい」と考えています。

　私のところには、日々、そういった築古戸建ての情報が寄せられています。

　先ほど述べたように、戸建て賃貸に対する需要が多くある中で、引き取り手のない築古戸建てが溢れているという現実があるのです。

　これはある意味、歪みといえるでしょう。

　ボロ物件投資は、この「歪み」を生かした投資ともいえるのです。

長崎の私の物件は空室ゼロ！

ここまで、私が長崎の築古物件に投資している理由を色々と書きました。

最後に伝えたいのは、実際に私が持っている物件の稼働率の高さです。

時々、「そんなに古い家で、本当に住む人がいるのですか？」と疑う人がいます。

結論から言えば、古くても場所を選び、きちんとリフォームをすれば、満室経営は決して難しくありません。

不動産投資をする人たちは属性が高く、新しいキレイな家に住んでいる人が多いので、築古物件に住む人がいることが想像できないのかもしれません。

しかし、**リフォームの力というのは、すごいものです。**

お化け屋敷のような物件も、躯体さえしっかりしていれば、再生は可能です。

外は古いけれど、中は最新の分譲マンションのように仕上げることができます。

そして実際、私の所有物件の入居率は、入れ替わりの期間（一度空いても次の入居まで1カ月はかかりません）を除けば、ほぼ100％です。

私はもともと、リフォームが好きで、思いっきりリフォームをしたくて不動産投資を始めました。ですので、ボロボロだった物件がリフォームできれいに生まれ変わる様子を見るのは大好きです。

そうやってキレイになった家に、入居者さんが嬉しそうに住んでくれているのを見ると、この仕事をしていてよかったと思います。

ご近所の方から、「古い家がキレイになって、子供がいる若い人が引っ越してき

てくれて、町内が活気づくよ。ありがとう」とお礼を言ってもらえることもあります。

　世の中は目まぐるしく変わっていますが、人間にはいつの時代も、住む場所が必要です。私はこれからも、このボロ物件投資を続けていくつもりです。
　そんなボロ物件投資の魅力を、次章からわかりやすくお伝えしていきます。

最後に、 脇田が第1章の内容をわかりやすく解説する【まとめ動画】をご用意しました。さらに内容を深めるためにぜひご参照ください。

【まとめ動画】（無料）は以下URL、またはQRコードよりご視聴できます。

https://www.wakita.in/limited/

スマホからはこちら！

第2章

全国で急増中!
"5万円"以下の"超激安"
ボロ戸建ての探し方!

この章では、私がボロ物件を買う為に工夫している5つの方法を紹介します。

　ボロ物件投資で初心者が最初にぶつかる壁は、いい物件を見つけられないということでしょう。

　私も今でこそ、直接、紹介を受けることもありますが、初心者の頃は苦労しました。いま思うと、サラリーマンの仕事を続けながら、よくあんなに行動できたなと思います。

　多くの人はショートカットでゴールにたどり着ける「裏技」を探します。しかし、成功している人は実は人より多く行動しているだけで、特別なスキルなどないことがほとんどです。

　物件探しも例外ではありません。一週間や一カ月で見つけることはできないかもしれませんが、探し続けることで、いい物件に出会える確率は高まります。

　ちなみに私の周りのボロ物件投資家たちは、ボロ物件投資を始めると決めてから、8カ月～1年半程度で家賃収入を得るところまで到達している人が多いようです。

　物件探しに3～6カ月、契約決済に1カ月、リフォームに3～6カ月、入居付けに1～3カ月程度が一つの目安になると思います。

1 不動産情報サイトを 毎日チェックする

　毎日、継続的に複数の検索サイトをチェックし、価格の低いものから順に問い合わせる。

　これが、ボロ物件投資で物件を見つけるための基本中の基本です。

　不動産の情報は、ネット上の誰でも使用できるサイトに普通に掲載されています。

　私がよく使うサイトは以下のようなものです。

・不動産ジャパン　　　https://www.fudousan.or.jp/
・健美家　　　　　　　https://www.kenbiya.com/
・アットホーム　　　　https://www.athome.co.jp/
・ニフティ不動産　　　https://myhome.nifty.com/

「エリア名　売り戸建」
「エリア名　売りアパート」

　などと検索すると、ポータルサイトから地元の小さな不動産屋まで、様々なサイトが見つかります。

（ちなみに「ニフティ不動産」は、スーモ、ホームズ、ヤフー不動産等の複数のサイトをまとめて検索できて便利です）。

　私自身も、今でもネット検索は続けています。

特に初期の頃は寝る間も惜しんで全国の物件を検索しまくり、週末になると日本中の安い物件を見に行っていました。

　そして、様々なエリアの不動産を見たり、不動産会社さんの話を聞いたりするうちに、長崎にポテンシャルを感じたため、途中から長崎1本に絞りました。

　実は仙台も候補の一つでしたが、雪が降るエリアで冬季にかかる費用をよめなかったことや、相性の良い不動産会社さんを見つけられなかったことなどから、撤退しました。

　しかし、時間の無駄だったということはなく、様々なエリアに特徴があり、それらを比較した上で長崎が一番自分の目的にあっていると確信が持てたので、挑戦してみて良かったです。

　売り物件や賃貸需要を調べたり現地に行ったりして投資したいエリアが決まったら、その地域を集中的に検索して、いいものがあれば物件を見に行くようにします。

　そして、狙ったエリアに強いサイトをいくつかお気に入り登録して、条件に合った物件が登録されたらメールが送られてくるように設定します。

　サイトを見るとわかるのですが、最初から100万円以下に値付けされている物件は多くありません。

　そこで諦めるのではなく、その中にある、値段が下がる物件を探します。

　では、数ある物件の中から、高利回り物件となり、自分に利益をもたらしてくれるボロ物件を見つけるには、どうすればいいのでしょうか?

　ここで、ボロ物件を探すときのコツを一つ教えます。

　まずやるべきことは、物件を安い順に並べて、安いものから順番に、機械的に問い合わせを入れることです。

　検索時には、「売りアパート」や「売り戸建」の項目だけでなく「売り土地」についても確認します。すると、備考欄などに「古家付き」と記載された売り土地が結構な割合で存在するはずです。そうした物件も見ていきます。

　問い合わせを入れるときは、メールではなく電話をかけるようにします。

　その方が早く、より多くの情報を聞き出せるからです。

　注意点として、電話口では踏み込んだ価格交渉をしないようにしましょう。

　最初の問い合わせでは、「売り主様の情報」「売りに出してからどの程度経過しているか?」「どの程度まで指値できそうか?」について簡潔に確認するだけで十分です。

「売り出したばかりなので、値引きはできません」「売主さんの残債が残っているので、これ以上は安くなりません」とはっきりと言われた場合は、候補から外します。

　逆に、「もう長く売れ残っていますし、ある程度は値引きも相談できると思います」と言われたときは、チャンスです。

　そして、値引きの可能性が少しでもありそうなら、手土産を持って現地に向かい、物件を見せてもらいましょう。

　この話をすると、多くの人が、この段階で諦めてしまいます。

「希望の値段になるかどうか分からないのに、現地に行くなんて、交通費がもったいない」とか、「仕事が忙しくて、そんなに何回も遠方まで出かけられない」というのです。

　そういう人は、ボロ物件投資には向いていないかもしれません。

　高利回り物件を狙うなら、人の何倍も行動するしかありません。

　逆に言うと、遠方であっても物件を見に行くことをいとわない人は、いい物件を買えています。

　かかった交通費など、物件を一つ購入できればすぐに取り返せます。

「検索サイトはライバルが多いので、一番手になるのが難しいのでは?」
「良い物件はネットには出ないと聞いたことがあります」

　といった声を聞くことがあります。

　しかし、私は実際に検索サイトで見つけた物件をいくつも超低価格で購入しました。

　例えば5万円で買った家は、もともとは150万円で売りに出されていました。

　しかし、1年経っても成約に至らず、「早く処分してしまいたい」という売り主様の意向により、10万円の価格で「不動産ジャパン」というサイトに掲載されました。

　その数日後、私が買い付けを入れ、最終的に5万円で購入しました。

また、ボロ物件投資をはじめた頃に購入した「1室30万円×5室で150万円」のアパートは最初、700万円近い価格で「アットホーム」「不動産ジャパン」に掲載されていたものです。

　ところが、1年以上引き合いがなく、700万円から530万円になり、380万円に下がったところで私が問い合わせを入れ、最終的に150万円で購入しました。

「でも、ここ数年は不動産投資バブルで、全国で売りアパートや中古戸建てが値上がりしているんですよ」という人がいます。

　それは本当のことです。

　しかし、首都圏や、首都圏のサラリーマン大家さんが買うときに融資がつく、札幌、名古屋、大阪、仙台、福岡といった大都市に限定された話です。

　私が投資をしている長崎などの地方にはあてはまりません。

　今でも「不動産の売り出し価格はあってないようなもの」というようなエリアが全国にはいくつもあります。

　試しに、「長崎　中古戸建」でネット検索をしてみてください。

　今でも安い物件が見つかると思います。

「不動産は高いもの」

「今は特に不動産の値段が上がっている」

　そんな先入観を持っていると、行動の足枷になります。

　株などと違い、不動産は相対取引です。

　他に買う人がいなければ、大幅な値引きをしてもらえる可能性はあるのです。

やる前から「無理」と考える癖がある人は、その考えから変える必要があるでしょう。

地元の不動産会社の営業マンさんから安くなりそうな物件の情報を聞いてくる

物件を見に地方まで出かけたら、ネットに出ていた物件だけを見て帰ってきてはいけません。

ボロ物件を扱っている不動産会社は、他にも同じような物件情報を持っている可能性が高いからです。

ですから、営業マンさんに次のような質問をしましょう。

「せっかくなので、他にも物件を見せていただけませんか？」
「扱っている物件の中で、一番価格の低い物件はどれですか？」
「2年以上売れていない物件はありませんか？」
「ゴミ屋敷など、ワケありの物件はありませんか？」

ここで、次のような返事が返ってきたら、チャンスです。

「売り主様から『いくらでも良いから引き取って欲しい』と頼まれている物件が○○町にあります。しかし、トイレが汲取りの上に、残置物が多くゴミ屋敷状態なのでいくら案内しても成約に結びつかないんです」

このような「価格が安くて問い合わせ

は多いが、案内しても問題があって決まらない」という物件を預かると、営業マンさんはその1軒の案内に忙殺されることになります。

　ですから、そのような物件に対して買いたい意思を見せると、「お荷物物件が片付く」と喜んで、値引きに協力してくれることがよくあります。

「100万円以下になりそうな戸建を知っていますよ。ただうちの店舗では、仲介手数料が稼げないので、価格の低い物件は扱わないよう上司から言われていて、表立っては仲介できないんです」という返事が返ってくることもあります。

　価格が低すぎて表立って扱えないケースでは、個人的にいくらか謝礼を支払うことを条件に、「元付けの不動産会社さんを紹介してもらう」もしくは、「直接売り主様へ連絡できるよう調整してもらう」ことをお願いするようにします。

　営業マンさんは、安い家を扱うとただでさえ儲からなくて手間がかかるのに、よく知らない人に紹介して面倒なことになったら嫌だなと思っています。

　ですから、「ご迷惑はおかけしませんので」と一言伝えると、情報をもらいやすくなるでしょう。

パートナーの 不動産業者、弁護士、 司法書士などに 情報の網をはる

　ここからは、すでにボロ物件投資を始めている方や、専業大家さんといった中級者向けの探し方です。

　ポイントは物件を探すというより、「物件情報をくれる人とつながる」という意識を持つことです。

　具体的にどうするかというと、知り合いの業者さんや弁護士さん、司法書士さんとの関係を強めて、「こんな物件情報がありますよ」と教えてもらえるようにします。

　業者さんというと不動産業者さんをイメージすると思いますが、他にもリフォーム関係者、士業の方なども対象になります。

　過去には解体屋さんと仲良くなって解体屋さんが面倒で引き受けたくない解体依頼物件を紹介してもらう、市役所のまちづくり推進室の人にお願いして、市へ寄付したいという申し出があった物件のうち市の基準を満たさなかった物件を紹介してもらうといったこともありました。

「知り合いの会社の管理物件のオーナーさんが、処分したい家があるそうですが、脇田さん、興味ありますか?」
「知り合いが空き家をもてあましていて、安くてもいいので買ってくれる人を探しているんですが、どうですか?」

このような情報を、一番に持ってきてもらえる関係を目指します。

ちなみにこの方たちは、「仕事」として連絡をくれるわけではありません。
会社抜きで、個人対個人の関係で情報をもらうことがポイントです。
お願いするときは、「いい物件があったら紹介してください」というような漠然とした言い方ではなく、「借地でも再建築不可でもいいので、このエリアで100万円以下になる物件があれば一番に紹介してください」というように、具体的な希望を伝えることがポイントです。
その上で、教えてもらった物件を買えたときは、紹介してくれた相手に必ずお礼を渡すようにします。

不動産投資の成否は「いかに良い情報を得られるか?」で決まります。
協力者を多く作り、ボロ物件情報が集まってくる体制を築ければ、いい物件を購入できる確率は高まります。
私は一度お仕事をしてみて、気があいそうだと感じた方には、大阪のお土産を持って行ったり、ちょっと高級なお店でご飯をご馳走したりしています。
一緒に食事をすると、気心が知れてお金の話などもしやすくなるものです。
「脇田さんに協力したらいいことがありそうだ」と思ってもらうことで、情報が集まりやすくなります。

「これだ!」という ボロ物件を見つけたら、 謄本を取得して所有者 にアプローチする

第2章

　家の持ち主を探して直接、売ってくれないかとアプローチをする方法です。

　やり方としては、「これいいな!」「これならいけそう!」と思える空き家らしき家を見つけたら、地図でその家の地番(住所ではなく、地番がかいてある地図が売っているのでそれを参考にします)を調べます。

　次に法務局に行き、その地番を元に登記簿謄本を取得します。料金は1通600円です。

　もしくは、パソコンからインターネットを利用してオンラインによる交付請求を行うこともできます。(請求した謄本は郵送で送ってもらったり、最寄りの登記所や法務局証明サービスセンターで受け取ったりできるので、サラリーマン大家の方でも難しくないと思います)。

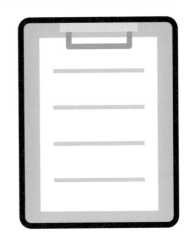

　登記簿謄本には、その家の所有者の名前や住所が記載されていますので、その住所あてに手紙を書きます。

　手紙では、自己紹介と、「もし、こちらのお宅を売却されるご予定がある場合

には、連絡をいただければ幸いです」というように、自分に買う意思があることを伝えます。

　最後に、こちらの連絡先も忘れずに記載します。

　打率はそれほど高くありませんが、これで買えた物件もゼロではありませんので、やってみる価値はあると思います。

5 ボロ物件の処分に困っている人から譲ってもらう

　私が階段上のボロ物件ばかり買っているというウワサを聞いた人から、「ただでいいから、私の家をもらってくれないか」と連絡をもらったことがこれまでに何度もありました。
「解体費用分のお金には少し足りないけれど、お金をつけるから、この物件をもらってくれないか」というオファーを受け、100万円の現金をつけて物件を譲ってもらったこともあります。

　なぜそんなことが起きるかというと、2016年の5月に、「空き家対策特別措置法」という法律が定められて、空き家を放置すると固定資産税が6倍になるといった報道がされた影響だと思います。
　マジメな空き家の持ち主の中には、このニュースを聞いて、空き家を放置することを罪のように感じた人も少なくなかったようです。
「あの家を残したまま死んだら身内に迷惑がかかる」と考えた高齢者も多くいたでしょう。

　ボロボロの家がついていると売れないけれど更地にすれば売れるかもしれない

と考えた家の持ち主が、解体の見積もりを取るというケースも増えました。

　しかし、解体費が高すぎて支払うことができず（坂の上など、車が入ってこられない物件は特に解体費が割高になる）、「なんとか手持ちのお金の範囲内で空き家を処分してくれる人はいないか」と考える人が出てきたのです。

　例えば解体費の見積もりが150万円だった場合、50万円を払ってその家を引き取ってもらうことができれば、100万円分が助かったという具合です。

　そのような経緯から、「お金を払うから、この家を引き取ってほしい」というやりとりが地方のあちこちで増えています。

　私はこのような相談をされた時に、持ち主さんに、「直して貸家にしたらどうですか?」と言うこともあります。

　しかし、身近に大家をしている人がいない場合、大家業を始めることは非常にハードルが高く感じるようです。

　リフォームの知識がない人は、何年も空き家だったボロボロの家がきれいによみがえるというイメージもわきにくいようです。

　また、古家の持ち主は年配の方が多いので、新しいことを始めるよりも平穏に暮らすことを望む傾向が強いのです。

　ちなみに100万円と一緒に譲り受けた家は、リフォームをして貸家にしました。

　お金をもらってお金を生む仕組みを築いたことになります。

最後に、脇田が第2章の内容をわかりやすく解説する【まとめ動画】をご用意しました。さらに内容を深めるためにぜひご参照ください。

【まとめ動画】（無料）は以下URL、またはQRコードよりご視聴できます。
https://www.wakita.in/limited/

スマホから
はこちら!

第3章

ドキュメント!
"5万円"以下の物件を
発見するまでの軌跡!
【秘蔵の7物件公開!】

この章では、私が実際に買ったボロ物件について、紹介します。

「5万円以下とか、数十万円といった安い物件は、滅多に出ないのでは?」

「戸建て投資がメジャーになる前の10年くらい前の話でしょう?」

　こういった質問を受けることがありますが、決してそんなことはありません。

　国内の不動産価格が高騰している最近も、月に5軒〜10軒のペースで物件を買うことができています。正確にいえば、ゼロからはじめた当初は簡単ではありませんが、流れができれば情報はどんどん入ってきます。

　今回は、私の事例以外に、「ボロ物件投資をしたい」と相談に来てくれた方に物件をお譲りしたケースも併せて紹介します。

　誰にも必要とされず、売主を悩ませていた古家が、大阪や東京のサラリーマン大家さんの手に渡り、再生され、家賃収入を産む資産に変わる。これこそ、「ボロ物件投資」の醍醐味です。ぜひ、参考にしていただければと思います。

1 いくつもの不動産会社で 「うちでは扱えない」と言われた 「5千円」戸建て

ある時、不動産屋さんから「物件の処分で困っている人がいます」と、長崎出身で現在は福岡で会社員をしているCさんを紹介されました。

「母が住んでいた家を手放したいのですが、どこの不動産屋さんに行っても、『うちでは扱えない』と断られてしまうのです」と仰います。

Cさんは、「解体も考えたのですが、親戚から古家を解体して更地にした土地がずっと売れずに困っているという話を聞き、どうしたものかと困り果てています」と不安そうな様子でした。

早速、見に行くと、道路から50段程度の階段を上がる必要がありますが、場所はそれほど悪くなく、建物の程度もまずまずでした。

空き家になってからもCさんが時々、物件に行って、換気をしたり、庭が荒れないように管理をしたりしていたためです。

「いくらでもいいので、引き取っていただけませんか？」というCさんに対し、「では、ご縁に感謝の意味を込めて、5000円で購入させてください」と伝え、商談が成立しました。

引き渡しが終わると、Cさんは、「これで亡くなった母に良い報告ができます」とホッとした様子でした。

この話には後日談があります。

　Cさんの紹介で、Cさんの親戚が所有する空き家を5000円で買わせていただいたのです。一方、お断りした案件もありました。話の最初に出てきた「親戚が古家を解体して更地にした土地」です。

　こちらも「いくらでもいいので引き取ってほしい」と言われたのですが、「解体する前なら、ご相談に乗れたのですが…」と言うしかありませんでした。

　建物は古くても直して貸家にできますが、階段立地の空き地は引き取っても、草取りの手間がかかるだけです。

　この家はその後、「ボロ物件投資をやりたい」と相談に来られた前著の読者である、大阪の会社員の方にお譲りしました。

　300万円程の予算でリフォームを希望されていたので、長崎の業者を紹介しました。フルリフォームまでは至らずでしたが、賃貸に出すには十分なレベルに仕上げてもらいました。

　また、この方は「勉強の為に一通り経験したい」と、自主管理を選ばれました。

　客付けも「ジモティー」を使いご自身で行ったところ、4.7万円で決まったそうです。今後の運営もうまくいくことを陰ながら見守っています。

立派な門もある外観

しっかりと管理された空き家で程度は悪くなかった

カウンターキッチンにして間取りも現代風に変更した

第3章

51

2

「大事な家をそんな値段で 売るなんて許さん!」おじい様の 反対で流れかけたが、 1年待ったら購入できた

「5万円」戸建て

　この物件との出会いは、長崎出身・東京で会社員をしているAさんから、「誰も住んでいない古い実家を処分したい」と連絡をもらったのがきっかけでした。

　Aさんによれば、空き家を放置して火事でも起きたら大変と、解体の見積もりを取ったところ、「300万円」という返事だったそうです。

　使わない家にそんな大金をかけられないと思ったAさんは、それなら建物付きのままで買ってくれる人はいないかと長崎の不動産会社に相談したのですが、扱ってくれる会社は見つからなかったということでした。

　相談を受けてすぐに物件を見に行くと、階段立地ではあるものの、大きな道路から30段程度で、賃貸需要も見込まれるエリアでした。

　家の中には大量の残置物がありましたが、大きな平家で、再生したらファミリーが快適に暮らせそうです。

　一緒に見にいった息子さんと奥さん、そのお母様に、「ありがたく買わせていただきます」と伝えると、とても喜んでくださいました。

　金額は「いくらでもいい」と言ってくださり、結局、5万円で着地しました。

　ところが、これは古家アルアルなのですが、その家の所有者はこの3人の誰でもなく、Aさんのおじい様だったのです。

　そのため、この家を売るにはおじい様からお母様、もしくはAさんに相続の手続

きをする必要が生じました。

　そうこうしているうちに、これも古家アルアルのひとつなのですが、その話を聞きつけた親戚の一人が「大事な家をそんな値段で売るなんて許さん!」と口を出してきました。ここで、この話は暗礁に乗り上げてしまいました。

　ご縁がなかったのかなと思っていると、約1年後に、「やっぱりあの家を引き取っていただけませんか?」とAさんから連絡をもらいました。

　Aさんたちが反対する親戚の方に物件を見てもらい、解体費が300万円かかることや、仲介会社にも取り扱いを断られた話を交えて理解を求めると、ようやく納得され、5万円で売却することを理解してくれたということでした。

　この家はこれから、300万円程度かけてリフォームを行う予定です。立地もまずまずで広さのある家ですので、5円〜6万円ですぐに借り手は見つかる見込みです。利回りとしても良い物件となりそうです。

第3章

大きな平屋、解体費用の見積もりを取ると300万円だったという

油まみれで生活感あふれる台所

すべての部屋に大量の荷物。処分だけでもそこそこの値段がかかる

3

アパートとセットで購入
足の踏み場もない
「10万円」の
元ゴミ屋敷

　ある時、不動産屋さんから「安くなりそうな戸建てがあるのですが、脇田さんいかがですか？」と連絡をもらいました。

　早速、集合場所に行ってみると、不動産屋さんはなぜか、「今日は正面玄関ではなく裏口の方から案内します」と言います。現地に着いて、その理由が理解できました。

　この家はゴミ屋敷で、玄関にも胸の高さにまでゴミが積まれていたのです。

　実は、安い戸建てを探していると、ゴミ屋敷に出会うことはまあまあよくあります。

　私はある意味、想定内といった感じで、ゴミ屋敷の中を見せてもらいました。

　すると、ゴミは玄関だけでなく、家中に溢れていました。

　これまでの経験上、処分費用に70万〜80万円はかかりそうでした。

　特に欲しい立地でもなかったため、「これは厳しいかな」と購入を断ろうとすると、不動産屋さんから新たな提案がありました。

　「実はこの近くに同じ売主さんが350万円で売りに出しているアパートがあるんです。そのアパートを安くするので、この家と一緒に買ってもらえませんか？」

　見にいくと、バス・トイレ別の2Kが4戸ある築古アパートでした。

　全空で駐車場もありませんでしたが、すぐ近くに車が入ってこられる道路があり、立地も悪くないため、再生すれば満室で運用できそうです。

　結局、このアパートを190万円、戸建てを10万円で購入することで話がまとま

りました。

　リフォーム後のアパートの予定賃料は4.3万円で、4戸満室になれば毎月17.2万円の収入が見込めます。戸建ての方も5LDKと広さがあり、家賃5.5万円ならすぐに申し込みが入りそうです。

　正直、この物件を買わなくても何も困りませんでした。
しかし、不動産会社さんが処分に困っているお荷物物件を買うと、「先日はあの物件を買ってくれてありがとうございました」と次の取引につながることがよくあります。
　ですので、この時は「お世話になっている業者さんと関係性を深める」ことを目的に、あえてこの物件を買いました。
　5万円、10万円というレベルのボロ物件を扱っている業者さんというのは、全国的にも多くはありません。
　ボロ物件を定期的に買っていくつもりなら、そういう業者さんと親しくなることも、大事な戦略の一つだと思います。

物件に到着すると裏手へ案内された

物で溢れて足の踏み場がない玄関

ボロ物件投資では、ゴミ屋敷に出会うことは多い

第3章

4 東京の会社員の方が買った バブル期には 1500万円をつけた 「1万円」戸建て

　少し前、長崎の大手企業を定年後、関東に引っ越された方の家を買いました。
　売主さんから初対面の席で、「脇田さんのYoutubeをいつも楽しく見ています!本も全部読みました!」と言われました。
　売主さんが家の売却について相談した不動産屋さんが、「ボロ家といえば脇田」と思い出して、その時に、「脇田さんは怪しい人ではありません。こういう本もたくさん出している方です」といって紹介してくれたのです。

　その家は立派な作りで、建てた時は相当お金がかかったようでした。大手企業の支社や工場まで歩いて行ける場所にあり、立地も悪くありません。
　売主さんは、「この辺りの家はバブルの頃は1500万円くらいで売られていたんです」と話しており、今もそれなりの値段がつくと思っていたようでした。
　しかし、いくら立派な家でも、設備は古く、トイレは汲み取りです。
　私は正直に、「今は時代が変わって、逆に処分代がかかることもあるんですよ」と伝えました。
　するとすんなりと理解してくださり、「わかりました。いくらでもいいです」ということだったため、私から「1万円」を提示して、話がまとまりました。

　この家はその後、「ボロ物件投資をやりたい」と私に相談に来てくれた東京の読者の方にお譲りしました。

　その方は会社勤めをしながらも、遠隔で電気配線やガス管・水道管などのインフラ交換なども含めたリフォーム工事を実施し、ネックだったトイレも水洗になりました。費用は約400万円だったそうです。

　現在、この家には家賃5万円程度で3人家族が住んでいます。

第3章

古くて暗かったキッチン

Before

設備を一新して明るいキッチンに

After

ちなみに、この会社員の方は高校生の息子さんと一緒によく長崎に来られており、現在、長崎に3戸の貸家を所有されています。

　東京の方が長崎の貸家を運営する姿を見ると、改めて、不動産投資をする時に自宅近くにこだわる必要はないな、と感じます。

　私も大阪に住んでいますが、物件は長崎がほとんどです。

　大都市圏では、不動産価格や工事費がどんどん高くなっています。

　そのような地域に住んでいる方が、地方（どこでもいいわけではなく、賃貸需要の有無の確認が非常に大切です）に物件を買う流れは、今後も加速していくように思います。

魅惑のワケあり物件！戸建て3戸と更地2つで計300万円!?さらにおまけで「ゼロ円」戸建てもついてきた事例

　ある日、不動産屋さんから、戸建て3戸と更地2つの合計5つのまとめ売り案件を紹介されました。価格は全部で300万円です。

　ところがその後の会話で、3戸ある建物のうちの一戸は底地だけで、建物は借地人のものということがわかりました。

　おまけに、その借地人は地代を約120万円も滞納したあげくに夜逃げしたといいます。

　持ち主さんが弁護士に依頼して、借地権の消滅の書類を送ったものの返事がなく、宙ぶらりんになっているという話でした。

　もしかすると、ある日突然、借地人が返ってきて、「この家はオレの物だ」と主張する可能性もゼロではありません。つまり、ワケあり物件です。

　その話を聞いたので、「300万円では買えません」と伝えると、不動産屋さんは、「それなら、もう一戸つけるので、なんとかお願いします」と言い、自動車を横付けできる場所にある戸建てを実質0円でおまけしてくれました（笑）。

　この場所なら、家賃6.5万円でも埋まります。将来的には家を壊して駐車場としても利用できそうでした。それがわかった時点で、商談は成立。

　結局、戸建て4戸と更地2つを、300万円で購入できました。

　不動産会社さんは、この物件のようなワケあり物件を、エンドユーザには売りま

せん。

　そして、流れ流れて私のような専業のところに辿り着くのです(笑)。

　私は安く売ってもらう代わりに、細かいことは言わないので、情報が継続的に入ってきます。手間と安さのトレードオフということです。

　後日談ですが、この時に購入した物件の一つ、平屋の2DKは、仙台のサラリーマン大家さんにお譲りしました。法律的に特に問題がなく、安心して貸し出せる物件です。

　400万円程かけてリフォームをしたので、配管等も含めた設備はほとんどが刷新されています。この先の修繕は、当分発生しないでしょう。

　この家には今、若いご夫婦が5万円程度の賃料で住んでいます。

　もうすぐお子さんが生まれるそうなので、その子が高校を卒業するまで住んでほしいですね、と持ち主さんと話しています(ボロ物件投資ではそういう長期入居が期待できる例は珍しくありません)。

　ちなみにこの仙台のサラリーマン大家さんは、10戸もボロ物件を買われています。

　今の仕事について、「給料は良いけれど、長くは続けられない」と感じているそうで、収入の大部分を貯金して、貸家に置き換える方針ということでした。

　いつ働けなくなっても良いように、今のうちに副収入を得る方法をさんざん勉強した結果、「利回りも他の投資より高いし、安くて借金をしない脇田さんの手法が自分に合っていると思った」と話してくださいました。

　10戸全てのリフォームが終わり、入居者がつけば、この方の副収入は月に約50万円にもなります。

白蟻被害と雨漏りにより劣化が進んでいたキッチン

隣にあった3帖の部屋とキッチンを繋げ、カウンタータイプのダイニングキッチンに

古くて小さかったお風呂

白色のバスタブとバスパネルで清潔感溢れるお風呂に

第3章

6

2年越しでリフォーム代を
貯めて賃貸へ。
東京の不動産会社会社員が買った
「15万円」の戸建て

　ボロ戸建て投資は、建物自体は安く買えますが、リフォーム代にはある程度の資金が必要です。

　しかし、ボロ戸建て投資を始めたい!と思った時に、十分な資金が用意できている人ばかりではありません。

　ではどうはじめるか?　そんな事例を一つ紹介します。

　東京都在住のOさんは、不動産会社で働く40代のサラリーマンです。「貯金が200万円しかないけれど、家賃収入を得るために少しでも前に進みたい」と相談に来られました。

　こういう時は、「資金を貯めてから、改めて相談に来てください」という事が多いのですが、Oさんの熱意を感じた私は、別の提案をしました。「最初に安い物件が出たらとりあえずすぐに購入し、お金が貯まったらリフォームをするという2段階で進めましょう」。

　Oさんはそれに賛成し、その後、私が見つけた15万円の戸建てを購入されました。

　その後、Oさんは2年弱で300万円を貯め、そのお金でリフォーム工事を発注されました。

　それまで長く働いても貯金が200万円だった人が、2年弱で300万円を貯めら

れた理由は、「せっかく物件を買ったんだから、早くリフォームをして家賃収入を得たい」というモチベーションがあったためでしょう。

　この予算ですと、配管の入れ替え等も含めたフルリフォームとまではいきませんが、貸家として貸し出すには十分なレベルに直すことができました。

第3章

長い間、空き家だったため家の中も傷んでいた

天井を高く仕上げて解放感のあるLDKに

リフォーム後の部屋のチェックに訪れた時のOさんは、「この値段でこんな立派な仕上がりになるなんて!」と驚いた様子でした。

　実は、Oさんは普段、東京で不動産を仲介する仕事をされているので、数えきれない程の物件のビフォー・アフターを見ています。

　Oさんによれば、東京ではリフォーム代（特に大工さんや職人さんへ支払う人工が長崎に比べると高い）が高いため、300万円でこれだけ変わることはありえない、とかなり驚いていました。

　この家は今、5万円程度で入居者を募集中です。

　副収入を築くために一歩踏み出されることを決意したOさんが、初めての家賃収入を得られるのはもう間近。2年で300万円を貯めたOさんですから、どんどん物件と家賃収入を増やしていけると思います。

7

賃貸仲介の不動産屋さん から持ち込まれた

駅徒歩5分の 「30万円」戸建て

　私は今、約200戸のボロ戸建てを長崎に所有しています。戸建ては入居期間が長いとはいえ、それだけあると当然退去も発生します。そんな時は、地元の賃貸仲介さんに入居付けをお願いしています。

　その賃貸仲介さんの中に、Bさんという女性がいます。Bさんは日頃から、「誰も使わなくなった家を再生して、よそから入居者さんを呼び込む脇田さんはすごい。自分ではやりたくてもできない」と私の仕事を評価してくれていました。

中心地近くの主要道路へ徒歩5分。路面電車の駅も近く、立地はとても良い

そんなBさんからある日、「脇田さんに買い取って欲しい古家があります。これまで、階段立地の物件の買取依頼があっても断っていたのですが、脇田さんならなんとかしてくれるのではと思い、相談させてもらいました」と連絡をいただきました。

早速見に行くと、蛍茶屋という駅から徒歩5分という好立地に建つボロ戸建てでした。

建物にはシロアリや雨漏りの跡があったものの、道路から階段50段ほどで到達できる場所にあり、庭が広く、眺めも良いという物件でした。

初心者にも難しくない案件に感じたので、「Bさんが買って、再生してみてはいかがですか?」と提案したのですが、Bさんは、「私には無理です。リフォームの手間もかかりますし…」と消極的です。

「では、私が買わせていただきます。売値はいくらですか?」と訊くと、「売主さんはいくらでも良いと言っていますが、できれば手出しのない価格で買っていただけると助かります」というお返事でした。

そこで、「30万円なら」と伝えて、商談が成立しました。

30万円を提示したのは、売主さんは通常、相続等の手続きに約10万円、仲介手数料で約20万円が必要になるため、この値段ですと手出しがなく、気持ちよく譲っていただけることが多いからです。

そのような理由から、私はこれまでに30万円でボロ戸建てを買った経験が多くあります。

読者の方も、そこそこの物件を「いくらでもいいので買って欲しい」と言われた場合、30万円を一つの基準にすると、話が進みやすいかもしれません。

この家は約400万円をかけてリフォームを行う予定です。賃料は5万円程度になりそうです。

この家を紹介してくれたBさんが、「良い入居者さんをご紹介できるようにがんばります」と今から張り切ってくれています。

長崎では50段程度の階段立地なら住むのをいとわない人が多い

古いけれど日当たりが良い室内

第3章

最後に、脇田が第3章の内容をわかりやすく解説する【まとめ動画】
をご用意しました。さらに内容を深めるためにぜひご参照ください。

【まとめ動画】（無料）は以下URL、またはQRコードよりご視聴できます。
https://www.wakita.in/limited/

スマホから
はこちら！

子育てママが「長崎で5万円の激安戸建て」を購入するまで！

ママ投資家 岩崎えりさん

※このコラムは、本書改訂前の2019年に岩崎えりさんへ取材した内容を編集したものです。

■5万円のボロ戸建との出会い！

2019年2月22日、この日は楽しみに待っていた私がボロ戸建てを買う日♪

実は2017年の12月にも、長崎で中古戸建てに買い付けを入れたことがありました。それは2戸で100万でしたので1戸50万です。

しかし、相続物件で色々あり、最後は売止めになって購入できなかったのです。

その直後に、4棟目のアパートの情報をいただき、頭金3割を入れて購入。

そしてまたその直後に、別の戸建てのお話が届いたのですが、リフォームや残置物の撤去のお金などかかるので今は苦しいな…ということで、知り合いにお譲りしました。

そんなこんなで、中古戸建てとはなかなか縁がなく、悔しい日々が続いていました。

それでもあきらめきれない私は、ごま書房新社さんの著者仲間で、この本の著者である長崎投資の達人、脇田雄太さんに相談をしてみました。すると、勉強会講師や長崎物件ツアーなどもお手伝いしてくださることに!!

いろいろと良い方向に回り始めて、なんだか期待が高まっていきました♪

そしてついに、その日がやってきました。

脇田さんから「これどうです？」と、物件情報のメールが届いたのです。

気になるお値段は…?!

「5万円」!? 50万でも安いと思うのに5万円って!

自分の目を疑い、脇田さんにも電話で確認しましたが、桁はまちがっていませんでした。

　これが長崎のボロ戸建投資の面白さです。

　さらに詳しい話を脇田さんに聞いてみたところ、ニッチながら確実な賃貸需要もあるエリアで、不動産投資として悪くない案件ということでした。

　私は即購入の決断をして、長崎へ視察に向かうことにしました！

■長崎あるあるのハイパー階段立地物件だった！

　視察当日は、朝からワクワクでした♪

　私は物件視察には娘も連れていくようにしています。

　大変な部分もありますが、長崎の物件を購入している法人はいずれ娘に譲るつもりなので、小さなころから肌で不動産投資を感じてもらいたいからです。

　人からは「大家さんの英才教育」なんて言われています（笑）。

　娘がいるため高速バスで羽田空港に。到着後は、いつも不動産会社さんや銀行へのお土産を購入します。

　そしてラウンジでのどを潤した後、キッズスペースに行き、娘を思いっきり遊ばせます。そうすると、疲れて飛行機の中で寝てくれるんです（笑）。

　長崎空港は実は長崎市ではなく、お隣の大村市にあります。

　ですので、長崎市内まで行くには高速バスで1時間ほどかかります。

　この日は長崎空港に到着してバスで市内に移動し、まずは私がいつもお世話になっている地銀へ行きました。

　担当者と支店長が変わったため、挨拶がてら融資の動向などお聞きました。

　やはり今はちょっと上からのしめつけがあるようです。

　その後、わざわざ脇田さんが車で銀行まで迎えに来てくださいました。

　脇田さんも「乗りかかった舟だから！」と、一緒に物件の視察に付き合ってくださるということでした。

　でも、空からは雨がポツリポツリ。横浜は晴れてい

たので傘をもってきておらずどうしよう…と思っていたら、脇田さんが傘も用意してくださっていました。
「長崎はこの時期、雨が多いからねー」と。とてもありがたかったです。

　思い返すと、私が長崎へ物件視察に行くと3分の1くらいの割合で雨が降っていました（今から3年ほど前の娘をまだ妊娠していたときもそうでした）。

　里帰り出産するため福岡に帰省していたときも雨でした。

　今回も雨がふり、ちょうどこの時のことを思い出しました。

　雨の日の物件視察は一見マイナスなイメージがありますが、雨の日にしか分からないこと…例えば雨漏りだったり、雨水のはけ具合だったりが分かるので良い面もあります。

　銀行から購入予定の物件のある油木町まで行く途中に、娘が眠ってしまいました。

　油木町は閑静な住宅街といった地域で、長崎市の中では科学館がありプラネタリウムがあることで有名です。

　そして油木町に到着して物件に向かうと…！

　長崎あるあるのハイパー階段立地物件でした！

　いつも100段くらいは物件視察で登っているので慣れているつもりでしたが…。

　そして私は日頃から子どもを片手で抱っことかザラですので、かなり鍛えられていると思うのですが、さすがに傘をさし、12キロある娘を抱っこしながら100段以上の階段を登るのはきつかったです。

　全身の筋肉が悲鳴をあげました（泣）。

　寝落ちした娘を見ながら、抱っこひもをもってくればよかった！　と心の中で何回も何

回もつぶやきました（笑）。

　しかし、こんな階段立地でも行く途中の物件にも、長崎の皆さんは強くたくましく住んでいらっしゃるのです!!

■本当に「5万円」で買付を入れる！

　そして、ついに「5万円戸建て」に到着しました！　娘は到着とともに起きてくれました。もしかしたら大家としての嗅覚があるのかも（笑）。

　いきなり、蔦が壁一面に絡まっているというボロ戸建の洗礼を浴びせられました（汗）。

　お庭はこんな感じです。ジャングル状態でした（笑）。

　この日はまだ入居者さんが住まわれている状態で、中は見られませんでした。

　生活保護の方が住んでいたのですが、2月末に退去されるそうで、退去後にリフォームの打ち合わせなどを行うことになりました。

　トイレは汲み取り式でした。汲み取り式トイレの臭いを逃がすための臭突もありました。

　まあ水回りなど含め、そこそこリフォームは必要ですが、なんといっても「5万円!」。

　投資利回り的には全然OKな物件です♪

　その後、この物件を預かっている不動産会社さんの事務所に移動して、買付証明書を出しました。

　実際に「5万円」と書かれた紙をみて「本当に5万円なんだ…!」とリアルに感じることができました（ドッキリではなかった!）

　その後、不動産会社さんの方で売

第3章

主さんの方にサインなどをもらい、書類が自宅に郵送されてきました。

　これが決まれば次は売買契約です。今回は驚きの価格「5万円（笑）」なので、仲介業者は入らずに個人間売買となりました。

　個人間売買は初めてだったのですが、契約書の作り方や司法書士の先生など、全て脇田さんのご縁でご紹介してくださったので、スムーズにできました♪

　今回の「5万円戸建て」ちゃん、階段100段でトイレは汲み取り式というなかなかクセの強い物件ですが、これがどう変わっていくかワクワクドキドキします!!

■リフォームにかける費用は目的によって変わる

　一緒に行った不動産業者さんに、この立地の特性や、周りにどんな人が住んでいるのかなどをヒアリングをしたり、リフォーム業者さんや脇田さんにリフォームのことや購入後の運営のことを相談したりしました。

　その結果シロアリ対策もするなど、雨漏り、下水をひき、バシッとやるなら300〜400万ぐらい。真ん中のレベルだと200万ぐらい、簡易的な表層リフォームなら100万ぐらいとリフォームも自分がどの程度までやりたいかによって幅があるなと思いました。

　私はあえてしっかりと、最低でも10年はもつようにリフォームしたいと考えました。

　リフォームに数百万かけても、本体は5万円です。

　部材や建材も安く仕入れることができれば、その分利回りも上がっていきます!

　余談ですが、私が視察に行った数日後に、この物件への買付の打診が入ったそうです。すぐに決断しなければ危ないところでした（汗）。

　「いかに安く仕入れるか」「すぐに行動できるか?」が不動産投資を成功させる上でとても重要なことを改めて感じさせられました。

※その後リフォームは順調に進み、2024年現在、この家は約5万円で賃貸中です。

〈岩崎えりさんの活動はブログにて!〉

・アメブロ『ママ投資家岩崎えりのhappy不動産life』

　https://ameblo.jp/chocolat-heaven/　　　※「岩崎えり」で検索!

第4章

見極めが肝心！
ボロ物件購入時の
チェックポイント

ボロ物件投資で安定的に収益を上げていくためには、物件購入時にしっかりと「良いボロ物件」を見極めて購入していくことが重要です。

　ボロ物件投資で失敗してしまう人に多いのは、「とにかく安いこと」「すぐにでも買えること」を優先して、それ以外の部分をおろそかにしてしまう人です。

　しかし、実際には物件を安く買うこと以上に大切なチェックポイントが、いくつも存在します。

　ここでは、どのような物件が良いボロ物件か、ということについて説明していきたいと思います。

　行動力は、ボロ物件投資に欠かせないものです。しかし、行動力だけあっても成功はできません。

　しっかりと事前の知識を身につけて、失敗しない物件をみわける目を養いましょう。

1 "投資対象物件"として、まず確認すべき2つの最低条件

条件 1： 賃貸需要がある

　当然ですが、不動産投資を前提に物件を購入する以上、その物件に賃貸需要があることはとても重要です。

　どんなに物件価格が安くても、賃貸需要のない物件は購入してはいけません。「タダより高いものはない」という言葉がありますが、物件選びを間違えると本当にその通りになってしまいます。

　少し前、「0円で良いので戸建を引き取ってほしい」というお話をいただきました。

　しかし、市内中心部から車で30分以上離れた山間部で、周辺にアパマンショップやエイブルなどの店舗が存在せず、賃貸需要の見込めないエリアだったため、お断りしました。

「ただならもらっておけばいいのに」と思う方もいるでしょう。

　しかし、私が欲しいのは不動産ではなく、「お金を生む仕組み」です。

　ですから、お金を生まないことがわかっている物件を手に入れても仕方ないのです。

　とはいえ、安い物件はみんなが欲しがらない物件の中にあるものです。

　そのような「儲かりそうもない物件」の中から、いかにお金を生む物件を見つけるかがボロ物件投資のポイントになります。

　例えば、儲かりそうもないけれど狙い目な条件として、地方ならではの立地環境があります。

私が投資している長崎には、階段立地の物件が多く存在します。私も数多く、持っています。

「ええ!?　階段立地に住みたい入居者が本当にいるのですか?」と、特に都会に住む方々に質問されることがありますが、一部の地方では当たり前の住環境のひとつです。

　例えば、起伏が激しい長崎の場合、そもそも平地の物件数に限りがあります。

　平地に建つ物件や土地の価格も高くなり、結果として賃貸の家賃も階段立地に比べ上昇します。ここにチャンスがあります。

　重要なのは、この階段立地を選択してもらうために、平地の物件と比較してどのようなメリット(割安な家賃、内装の綺麗さ…)を用意するか?　ということです。

　階段立地だけど、平地の物件よりも安くて広くて中もキレイだから、この物件に住みたい。

　そう感じてもらえる物件を提供すれば、高い入居率で賃貸経営を続けることは十分に可能です。

家の前の道が車が入らない階段という物件は長崎ではごく当たり前に存在する

条件 2： 建物の状態が想定利回りを
　　　　達成できるレベル以上

　賃貸需要が見込まれる場所でも、建物の状態が想定利回りを達成できるレベルにない場合は、購入を見送った方が賢明だといえます。
「建物の状態が想定利回りを達成できるレベル」というのは、「リフォームにコストがかかりすぎない物件」ということです。

　入居者付けに必要なリフォームを、想定している利回りの範囲内で実施できるかどうか？　ということが一つの判断基準になります。

　過去に長崎市内のある町で、4世帯・約400万円・敷地内駐車可能という売り条件のアパートに利回り20％台の見込みで買い付けを入れたのですが、結局、買わなかったということがありました。

　理由は、決済前の建物調査で深刻なシロアリ被害を発見し、その復旧に75万円程度かかることが見込まれたためです。

　その費用を入れると、想定利回りを達成できなくなるのです。

　このケースでは買付証明書に下記のように記載しておいたため、スムーズに買い付けを取り下げることができました。

第4章

・決済前に物件調査（シロアリ・雨漏り調査等）を実施させていただくことを本買い付け発効の条件とさせていただきます。
・上記、物件調査の結果、物件に深刻な問題が発見されないことを本買い付け発効の条件とさせていただきます。

　ボロ物件投資では、価格の安さばかりが注目されますが、物件を安く買うことは不動産投資での失敗を減らすための方法の一つでしかありません。

　リフォームにお金がかかりすぎれば、結局高くついたということになりかねませんし、埋まらなければそもそも買わなければよかった、ということにもなります。

　付け加えると、リフォームにいくら費用をかけるかについては、投資家のステージや考え方によって適正な価格が変わってきます。

ここではコストを抑えて利回りを上げることが重要と書きましたが、それは投資初期の段階で現金が不足している人に向けたものです。

　詳しくは第5章で述べますが、長い目で見れば最初にしっかりとお金をかけて直してしまった方が維持がラクで、長く安定して稼ぐ物件になってくれます。

　私自身も、初期の頃はできるだけDIYをするなど、低コストのリフォームを心がけていましたが、ある時から最初にお金をかけてきっちり直すというやり方に変化しました。

　いずれにせよ、リフォームにいくらかかるかを事前に把握できるようになることはボロ物件投資で非常に大切ですので、建物を直す時の工程や相場については、しっかりと学ぶようにしてください。

構造、インフラ、残置物?? "見落としがちな" 物件購入時の 「3つ」のチェックポイント

古い物件でも、不動産投資を行う上で問題はないと書きましたが、どんな物件でもよいかといえば、そうではありません。

古さだけを理由に選択肢から外すことはありませんが、それ以外の様々なポイントについては、きちんとチェックする必要があります。

チェック1
建物の構造部分の点検

確認ポイント❶ 基礎の状態・シロアリ被害の有無

私は物件を購入する前に、必ず建物の床下・基礎をチェックするようにしています。

自分では良し悪しがわからないという場合には、きちんと判断できるプロにお金を払って同行してもらうのが良いでしょう。

私自身は、最初に物件を案内してもらった後、「購入を検討しているので、明日もう一度、室内を見学しても良いですか?」と、売買仲介さんの許可を得た上で、売り主さんと利害関係のない大工さん、もしくは中立の立場のプロのインスペクター(建物の状態を見る専門家)の方同伴で、建物の調査を行っています。

大工さんに調査をお願いした場合、今後の仕事につながることもあって費用を請求されるケースはほとんどありません。インスペクターにお願いしても、戸建の場合、数万円程度で収まるケースが多いようです。

　どちらにせよ、最初のうちは勉強と考えてプロの力を貸りた方が無難です。慣れてくれば、自分で建物の見極めができるようになってきます。

　大工さんやインスペクターさんに建物をチェックしてもらうときは、近くで作業を見学し、「どんな流れで物件を調査しているのか？」「いま何をチェックしているのか？」をよく聞き、しっかりと自分の知識として蓄えていきましょう。

　インスペクターとはどんなことをしてくれるのかを知り、自分でざっくりと建物のインスペクションを行えるようになるためには、さくら事務所会長・長嶋修さんの著書「不動産投資　成功の実践法則50」（ソーテック社）が参考になると思います（長嶋先生は、初期の頃に大変お世話になった私の不動産投資の師匠です）。

　大工さんにお願いした場合、次のような流れで調査は進んでいくはずです。

・建物外部を回り、目視でひび割れや損傷が無いか？　を確認
・室内に入り、点検口等から床下や屋根裏を確認
・屋根に上り、瓦や雨どいなど屋根回りの状態を確認

　インスペクターに依頼した場合は、目視による調査だけでなく、光ファイバーカメラやサーモグラフィーなど、専門の調査機器を活用するケースもあるようです。

　大工さんとインスペクターのどちらに依頼するのが良いかについては、はっきりとした答えはありませんが、物件の規模やご自身の習熟度合いに応じて検討すると良いと思います。

　大工さんの場合は口頭での報告、インスペクターに依頼した場合は書面で報告してもらえるケースが多いようです。

　また、構造部分には問題がない建物でも、表面的な汚れや劣化・ひび割れ等があるケースもあります。

　神経質になる必要はありませんが、過去の地震による影響や、不同沈下・湿気による被害の有無などは目視で確認しておきましょう。

外側を一通り見たら、次は室内です。室内では、次の点を中心に調査します。

・床に近い部分の柱などにシロアリの被害がないか?
・もしくはシロアリ予防駆除の施工痕がないか?

シロアリが活動している場所には、蟻道という茶色っぽい蟻の通り道があり、素人でも見ればすぐに分かります。
シロアリがいたら絶対に買わないというわけではなく、駆除費用などをかけても想定利回りを達成できるかどうかで判断しましょう。

ちなみに私が過去に購入した物件では、ほとんどのケースで前オーナーが5年間のシロアリ保険に加入していました。
私はそれを引き継ぎ、期間満了までその保証を利用させてもらうようにしています。
保険期間を過ぎた物件については、シロアリ予防の薬剤を床下等に散布して、被害を防いでいます。

第4章

古い木造物件で蟻道が見つかることは珍しくない

確認ポイント❷ 躯体（柱や梁（はり））

　次に確認すべきポイントは、柱や梁（はり）等の「躯体」です。

　中には、筋交いが途中で切断されていたり、梁が欠損していたりするケースもあるので、前述のプロの方にしっかりと確認してもらいます。

　その際、脚立とライト（頭に装着するタイプの強力LEDタイプがおすすめ）が必要ですので、予め持参してもらえるよう依頼しておきましょう。

　また、同時に「耐震診断」を受けるのもお勧めです。

　低価格で購入できる物件は、現在の基準から考えると「耐震強度が足りていない」ものがほとんどです。

　大工さんと相談の上、必要なら補強金物等の施工を検討しましょう。

　金物自体の価格は安いものです。

　大工さんに直接お願いすれば、数万円程度で戸建一軒分を耐震補強できるはずです。

　物件所在の地方自治体から、耐震補強の補助を受けられるケースもありますので、市区役所の担当部署に確認してみてください。

適切な補強工事を行った上で梁などをあえて見せる仕上げにすれば、建物の安全性向上と室内の開放感の両方を演出できる

確認ポイント❸ 水仕舞い（雨漏り）

もうひとつのポイントが「屋根の水仕舞い」です。

明らかに雨漏りの跡が確認できる場合は修繕工事を行う必要があります。「雨漏りの有無」を調べる方法は簡単です。

室内側から天井を見て、雨染みがないかどうかを確認するだけです。

居室だけでなく、玄関や階段・押入れの天井部分も忘れずにチェックして下さい。

天井部分の壁紙が張り替えられていて雨漏りの跡がわからない場合もあるので、天井裏の確認もできれば理想的です。

これは買った後の話ですが、雨漏りの形跡がない場合でも、築20年を超えた木造物件では「予防措置」として水仕舞いの対策を行うのがお勧めです。

屋根の面積や形状・立地に左右されるものの、一般的な戸建なら3万～10万円（大工さん1～2人日分の人件費＋防水シート・木材等の材料代）くらいから、屋根瓦のチェック&破損箇所の交換、瓦の下の防水シートの再施工、更にその下の木材の腐食確認と交換などをお願いできます。

これらのポイントを確認することで、ボロ物件購入時のリスクをかなり低減できます。面倒がらずに手間暇を掛けてみてください。

第4章

雨漏りが進行し天井板と壁面が激しく劣化しているのが分かる

インフラの状態確認

「建物の健全性」の次に重要なのが「インフラの状態確認」です。

　買い付けを入れる前に、以下の点をチェックすることは必須です。インフラが不十分であれば、指値を入れる根拠のひとつになります。

確認ポイント❶下水道

　物件が下水道に接続されているかどうか？　は、最も重要なチェックポイントのひとつです。

　売り主様へ確認するのが基本ですが、それ以前に、トイレを確認すればある程度の判断は可能です。

　通常の水洗トイレの場合、下水道につながっているか、浄化槽が設置されている可能性が高いといえます。トイレが汲取り式や簡易水洗の場合には、下水道に接続されていないケースがほとんどです。

※簡易水洗とは、少量の水で流すタイプのトイレのことで、飛行機や新幹線のトイレのようなイメージです。

古いタイプのトイレは下水道につながっていないことも珍しくない

　下水道に接続されていない場合は、物件の前の道路まで下水管が来ているか？　物件の前の道路まで下水管が来ている場合、そこから物件までの接続費用はいくら必要か？　といった事柄を確認します。

　浄化槽が設置されている場合は、その維持管理に掛かるコストと下水管への接続コストを比較検討し、有利な方を選択されると良いと思います。
　工事をする場合は、各自治体の水道局に問い合わせます。
　ほとんどの場合、工事は各地方自治体の水道局が指定している「指定業者」に依頼する必要があります。

確認ポイント❷ 上水道

「上水道が通っていない」というケースはまずあり得ません。
　しかし、まれに長期間不在だったため水道メーターが撤去されており、メーターの再設置に「水道利用加入金」等の名目で費用がかかるケースがあります。
　通常、6万円程度の金額ですが、不意の出費は可能な限り避けたいものです。
　メーターが設置されていなくても、管轄の水道局に「中古で物件を購入した」と説明し、相談すれば加入金の負担を免除してもらえるケースもあります。

　上水道がそのまま使える場合の問題としては、赤水・黒水があります。
　これは、ボロ物件投資において、避けることの出来ない問題の1つです。
・赤水（赤サビ）
・黒水（黒サビ）
　というのは、鋼管の経年劣化によって、管の内部が腐食して起こる現象です。
　赤水よりも黒水の方が管の腐食が深刻であり、早急な交換が必要となるのですが、赤水が出た場合もそのままで入居付けはできませんから無視できません。

　そして、ボロ物件では赤水や黒水が出る可能性が非常に高いです。
　物件自体が古く、途中で水道管の更新工事をしていない限り、昭和時代の鋼管をそのまま使っているケースが多いためです。
　投資家さんの中には、「赤水や黒水の出る物件は買わない方がいい」という方

第4章

もいますが、私はそうは考えません。

　水道管の更新工事が安価で済む、指値で安く買える、といった条件が重なれば、むしろ積極的に買うと思います。

　なぜなら、水道管のサビ問題は、ある程度のコストを掛ければ解決するからです。

　例えば、戸建1戸あたりの水道管更新工事なら、20万〜30万円以内で収まることもよくあります（水道管の長さなどにより異なります）。

　そもそも、水道から赤水や黒水が出る状況というのは、物件が使えるかどうかの瀬戸際なのですから、それを理由に大幅な指値を通すことが出来れば、更新工事のコストも相殺することが可能です。

　サビた鋼管をそのままにしておいても、何も良いことはありません。

　クレームを受けてから割高な工事を実施するのか、それとも物件の購入時点で水道工事を検討しておくのか、どちらがより良い選択なのかは明白だと思います。

ワンルームアパートの上水管の水道メーターより末端側を全交換している様子。サビ水が出ているアパートを大幅指値で購入し、上水管の交換を行うことで高利回り物件を作ることができる

確認ポイント❸ 都市ガス

　都市ガスは通っているに越したことはありませんが、もし通っていなくても問題はありません。

　購入後にLPガスを導入すれば、何も支障はないからです。

　LPガスはどんな場所にも導入できるのがメリットです。

　世帯数の多いアパートから、階段の段数が200段を超えるような山の上の小規模な戸建てでも問題なくLPガスを導入できます。

　工事費用をガス会社さんが補助してくれることも珍しくありません。

LPガスは大家の味方。様々なメリットがあるので導入しない手はない

確認ポイント❹ テレビアンテナ

　ボロ物件の場合、テレビアンテナが設置されていないケースや、設置されていても地上波デジタル放送に対応していない、老朽化のため使用できないなどのケースが多く見られます。

　都市ガスと同じように、購入の際は、視聴設備がないことを価格交渉の材料にして、物件購入後にケーブルテレビ会社と契約することをお勧めします。

　多くのケーブルテレビ会社で、月額500円程度で地上波のみ供給してもらえるプランが提供されています。

　初期費用も2万円程度で大掛かりな工事も不要です。

　私は物件のリフォームに合わせてケーブルテレビの契約と導入工事を行い、電気職人さんに来てもらう際に、あわせてアンテナコンセントの設置をお願いするようにしています。

物件に電力や電話・インターネットを供給している引き込み線。ボロ物件のリフォームは表面的な床壁天井に目が行きがちだが、目につきにくいインフラの健全化こそが重要

第4章

89

確認ポイント❺ 再建築可能か、前面道路の種類は?

　低価格の物件の場合、物件購入時に業者さんを通さない個人間売買となるケースが多くあります。

　すると、通常の不動産売買なら売買仲介さんに調査・報告してもらえる「再建築の可否」や「前面道路の種類」について、自分で調査する必要が生じます。

　通常、物件の情報をくれた不動産会社さんに質問すればある程度のことは教えてもらえますが、念のため、物件がある市区役所に行って確認することをおすすめします。

　ちなみに再建築不可の物件が絶対にダメかというと、そんなことはありません。

　念のため説明すると、「再建築不可物件」というのは、例えば接道幅が2メートル未満であるなど、建築基準法上の要件を満たしていないため、文字通り、将来的にその建物を建て替えることができない物件を指します。

　こうした物件は全国に数多く存在しており、低価格の物件を探していると、必ず出会うことになります。
「そんな物件をわざわざ取得するなんてとんでもない」という人も多いのですが、私の考えは異なります。

　なぜなら、再建築不可物件には、建て替えができない、融資がつきにくいという

長崎に多い細いスロープの道路。自転車やバイクで移動できるというメリットがある

デメリット以上のメリットがあることも多いからです。

　実際に、買ったこともあります。そのうち一つは旗竿地に建つ再建築不可物件（接道幅2メートル未満）ですが、これを約50万円で購入後、約100万円でリフォームして、現在、約4万円で賃貸中です。既に総投資額は回収しました。

　再建築不可物件の最も大きなメリットは価格の安さです。同一条件の通常の物件と比較して、数割～半額以上も売買価格が下がるケースが多くなります。

　しかし、入居者募集を行う際に、入居希望者さんから「この物件は再建築不可だからイヤだ」「この物件は再建築不可だから家賃を下げてください」と言われたことは一度もありません。

　つまり、資産価値を重視した購入や転売を目的とする場合はNGだとしても、毎月のキャッシュフローを得るために物件を購入するなら、再建築不可であっても実質的なリスクはほとんどないというわけです。それに、再建築不可物件は、更地にして同じ場所に新しく物件を新築することができないというだけで、リフォームは可能です。

　賃貸経営を行う上で必要な工事のほとんどは、再建築不可物件でも実施できるということです。

第4章

軽自動車が入れる幅の道路沿いの物件は、利便性から人気が高い

近隣や残置物の確認

確認ポイント❶ 近所に嫌悪施設はないか

　私は安い物件でも、基本的に「ノールック買い付け」はしません。

　なぜなら、音や臭いや街の様子など、現地に行かないとわからないことがどうしてもあるからです。

　例えば、相場より安い物件の中には、近所に次のような「嫌悪施設」があるケースがあります。

・墓地や火葬場　　　　　・風俗営業店
・暴力団の事務所　　　　・騒音や臭気の出る工場
・産廃処理場　　　　　　・ゴミ屋敷

　私自身は、どの施設がいいとか悪いとかではなく、現地に行ってみて「これでは賃貸付けは難しいな」と判断した場合、買うのを控えています。

　普段からかなり安い物件を買っているので、このようなリスクのある物件をわざわざ買う必要がないのです（これは事故物件に関しても同じことがいえます）。

　ちなみに、墓地については気にしません。

　長崎ではそれぞれの町に墓地が一つや二つあることが珍しくありません。また、墓地がある場所は静かで周りも日当たりが良いことが多いです。

　私が管理している物件へ自動車を降りて徒歩で向かう途中、必ずと言っていいほど墓地が視界に入ります。それでも賃貸物件の近くに墓地があるからといって、ずっと空室が続いたというような経験はありません。

　初めて聞いた時は驚いたのですが、長崎の人は自宅を建てる際、自宅からご先祖様のお墓が見えることを好むそうです。

　つまり、長崎の方は墓地を嫌悪施設としては捉えていないようなのです。

例えばお盆の時期には家族で朝から墓参りに行く人が多く、その際にはお弁当や花火や爆竹を持参して、お墓の前でお弁当を食べるのだそうです。

長崎の人にとって、例え他人のお墓であったとしても墓地は嫌悪する施設ではなく、先人たちと共に過ごす生活の一部のような場所なのです。

確認ポイント❷ 残置物

安く買える物件には、残置物があるケースが多いです。

私はこれまで数多くのボロ物件を購入してきましたが、全体の3分の1〜半分近くは、残置物で一杯でした。

背景には、売主さんが高齢で清掃が出来なかった、物置代わりに使っていた家だった、そもそもゴミ屋敷だった、というようなことがあります。

残置物の種類は様々です。

・家具家電　　　　　　　　　・置物や美術品
・食器や調理器具　　　　　　・衣類、寝具

状態も物件ごとに異なります。

単に残置物を運び出せばOKというものから、ホコリや汚れが凄まじい、処分費用が高額になる、重量物で床が傾いているといった厄介なケースまで、様々です。

残置物がシロアリに食われていることもあります。

しかし、この点はリフォームの際に大工工事で柱を補強したり、シロアリ駆除を行ったりすれば解決することができます。

このような物件を買っていいかどうかですが、価格次第といえます。

一般的に、残置物の多い物件は購入をためらう人が多くライバルが少ないですし、残置物の処分を理由に大幅な指値が通ることも期待できます。

残置物を処分する手間や費用は掛かりますが、それを差し引いても良質な物件が格安で手に入るなら、見送るのはもったいないと思います。

第4章

残置物の処分の方法ですが、オーソドックスなやり方は、地元の産廃業者さん2〜3社程度に声をかけて、相見積もりを取ることです。

　残置物の処分費用は見積もりにバラツキが出ることが多いので、相見積もりは必須です。

　長崎では通常、トラックを横付け出来る物件だと、2トントラック1台あたり、2〜3万円程度だと思います。

　一方、次のようなケースは割高になります。

・トラックから物件まで距離がある　　・リサイクル家電が多い(冷蔵庫 etc)

・階段立地で運び出しが大変　　・畳などの処分もあわせて依頼する

　量が少なくて、自分で動ける人であれば、ホームセンターやレンタカーショップで軽トラを借りて、自分で処分場に持ち込んだり、(売れるものは)リサイクルショップに買い取ってもらったりということもできます。

　それにより、コストを大きく下げられます。

　ただし、その分、時間や労力が余計に掛かったり、リフォームの開始が遅れたり、レンタカー代などがかさんだりしますので、自分のリソースと相談しながら優先順位をつけることが大切です。

　大きな残置物だけ「業者」にまかせて、それ以外の残置物は「DIY」で処分するといった仕分けが現実的かもしれません。

ボロ物件投資では残置物や生い茂った草木が多く、リフォーム工事の前に捨てるものが大量に出る

最後に、 脇田が第4章の内容をわかりやすく解説する【まとめ動画】をご用意しました。さらに内容を深めるためにぜひご参照ください。

【まとめ動画】(無料)は以下URL、またはQRコードよりご視聴できます。

https://www.wakita.in/limited/

スマホからはこちら!

第5章

「コスパ」リフォームで
投資効率(利回り)を
上げる!

安く購入した物件を賃貸に出すためには、オーナーチェンジ物件を除くほとんどのケースでリフォームが必要になります。

　当然、リフォーム費用を抑えることで、投資効率（利回り）も上がっていきます。

　ここでのポイントは、その時の自分のステージに合わせてリフォームをする内容やかける予算を見極めることです。

　例えば、現金がないステージでは、できるだけ安く物件を買い、できるだけ安く人に貸せるレベルに直すことが重要です。

　しかし、安く仕上げると問題も起こってきます。最低限のコストで行ったリフォームはいずれ追加工事が必要となり、後からまたお金と手間がかかることになりがちなのです。

　ですので、資金に余裕が出てきたら、最初にお金をかけてしっかりと直す（プロに依頼する）という手法をとる方が、結果として投資効率は上がっていきます。

　この章では、私が実践している「コストパフォーマンス（コスパ）」を重視した、リフォームの方法を価格も踏まえてできるだけ詳しくお伝えします。

1 ボロ物件でも ニーズに合った リフォームは不可欠

　私はどんなに安く買った物件でも、何もしないでそのまま貸すということはしません。

　内見に来た方が、「外見からは信じられないくらい、中はキレイですね」と言ってもらえるようなリフォームを心がけています。

　逆に、外観は最低限の塗装などで済ますことが多いです。つまり、リフォームにメリハリをつけているのです。

　どこにお金をかけて、どこをコストカットするか。そのポイントを外さないことが、リフォームでは重要であるといえます。

水回りのバリューアップ

　リフォームで特に大切なのが、「水回り」です。水回りとは、流し台や浴室・トイレ・洗面台・洗濯機置き場等を指します。

　低価格で中古物件を買って、再生していくためには、この「水回り」をいかに競合物件と比較して魅力的に仕上げるかが重要です。

　どんなに古い物件でも、水洗トイレ、給湯（蛇口からお湯が出る）、シャワーは必須です。なければ、リフォームで取り付けることになります。

もちろん、コストはできるだけ抑えることが大前提です。

❶ 洗面台

リフォームするときには、ほぼ必ず洗面台を
施工しています。

建物の広さや間取りに余裕がある場合は、
間取りの変更を行い、浴室前に洗面脱衣所
を設けて洗面台・洗濯機パンを設置します。

お風呂に入る前に洗濯物は洗濯機へ、お
風呂を上がったら洗面台で歯磨きを…といっ
たイメージでリフォームを行っていきます。

以前は賃貸用というと幅600ミリの1面
鏡で、お湯と水の水栓金具が別々についた
ツーハンドル式のものが主流でしたが、見た

750ミリ幅のシャンプードレッサー

目上古いイメージがどうしても残るため、内覧に来られた入居希望者さんにマイナ
スの印象を与えていました。

そこで、私がよく使うのは、クリナップ製の750ミリ幅のシャンプードレッサーで
す。

これはネットショップ等で常時販売されているもので、価格は約3万5千円、全
国一律の送料は無料～4千円程度です。私は最近、付き合いのある材木屋さん
から安く仕入れています。

水道屋さんまたは設備屋さんにお願いすれば、洗面台単体の依頼でも取り付
け工賃が数千円程度、産廃処分も3千円程度で済みます。

通常の吐水とシャワーを切り替えられ、水栓の先端部は可動式で引き出すこと
も出来ます。もちろんワンレバー式の水栓で、機能面・デザイン面でも賃貸用とし
ては申し分のないものです。

❷ 洗濯機置き場

　古い物件を買うと、室内に洗濯機置き場がないケースが多々あります。

　そんなときは、室内に洗濯機置き場を新設することをお勧めします。

5000円の洗濯機パン

　現在では、入居希望者さんの90％以上はインターネットで物件を探しているので、もし、室内に洗濯機置き場が無い場合、「有り」の条件で物件を検索している入居希望者さんには、永遠に自分の物件を認識してもらえない事になりかねません。

　ベランダや外廊下に洗濯機置き場がある物件は、雨の日や寒い日に不便なため、人気がありません。ぜひとも、気をつけたいところです。

❸ 浴室

　お風呂場が古めかしいと、他の部分がどんなにキレイでも、選んでもらうことができません。

新しいサーモスタット水栓があるだけで浴室の使い勝手がよくなる

　ですから、物件を買うときは風呂場の状態をチェックすることが大切です。

　比較的新しいユニットバスの場合、水栓金具をサーモスタットつきの混合水栓に交換する程度で充分に競争力を保てると思います。

　経年劣化が進んだユニットバスの場合は、水栓金具の取替えに加え、壁面や天井・床面に水廻り用のダイノックフィルムを施工してイメージを一新させるといいでしょう。

　木目調のものや石調のもの、シンプルな単色デザインのものなどバリエーショ

第5章

ンも豊富です。更に予算があれば、全身シャワーやレインシャワーなどを導入するのもお勧めです。

　浴室がユニットバスではなく在来工法の場合は、水栓金具の交換、割れたタイルの補修・交換、目地のコーキングの再施工等を行います。

　浴槽についても劣化していれば交換、もしくは浴槽用塗料による再塗装を行い、ピカピカにします。

　シャワーがついていない場合は、数千円のコスト増で済みますので、シャワー付きの水栓を導入すると良いと思います。

❹ トイレ（洋式・和式）

パナソニック製の温水洗浄便座

　洋式トイレが導入されている場合は、便座やトイレットペーパーホルダー、タオル掛けを新しいものと交換するとイメージを一新できます。

　これらの小物を交換するのは、トイレの床や壁をやり換えるタイミングがお勧めです。

　今は賃料5万円未満の物件であっても、温水洗浄便座の導入は必須です。

　私は1棟目のマンションを購入した直後に、1日に7台、温水洗浄便座の取り付けをしたことがあります。1台目の取り付けには1時間半ほど掛かりましたが、7台目は10分程度で作業が終わりました。

　しかし、現在は設備屋さんに取付けをお願いしています。

　水道関係や電気関係等、後々トラブルが発生すると大きな問題になる可能性がある箇所はプロに依頼をしておいた方が複数棟所有している大家としては安心です。

　リフォーム会社さんにお願いする場合は大体1台につき7千円～1万円程度掛かると思います。

　和式トイレの場合は、洋式トイレへの入れ替えをお勧めします。

　空室募集にあたって和式トイレの存在は大幅な減点要因になってしまうからです。

　コストは物件により異なると思いますが、必要経費と割り切りましょう。

　大体の内訳は、TOTO等から発売されている和式トイレからの取り替え用に設計された便器セットがネットショップで5万円程度。あとは、取り付け工賃と産廃処分費、床と壁の仕上げ代が合わせて5万円程度です。

　ここは、大工仕事と配管工事・仕上げのクロス・クッションフロア施工・産廃処分と複数の職人さんにお願いする必要がある工事なので、どうしても高くなってしまいます。

❺ 流し台

　流し台は、女性が入居を決める際に重要視する部分です。ぜひ手を入れておきたい箇所の一つです。

　機能的な問題はないけれど見た目上古く感じるというような場合は、ダイノックシートを流し台の扉面に施工すると良いと思います。

　ダイノックシートは大きなホームセンターやネットで簡単に購入できます。

古い吊戸棚にダイノックシートを施工

　ただし、施工がそれなりに難しいので、自信のない方は専門の職人さんかリフォーム会社さんにお願いするのが良いかもしれません。

　ダイノックシートのデザインは、ケースバイケースではあるものの、ちょっと派手すぎるかな、というくらいの明るい色がお勧めです。

　原色系のオレンジ、レッド、イエロー、ブルーなどが良いでしょう。

　ホワイトは無難で良さそうに感じられますが、わずかな時間しかない内見時には、入居希望者の印象に残りにくく、入居促進の効果が低くなるという問題があります。

第5章

その他の対策としては、水栓金具が古ければ、新しいワンレバー式の混合水栓に交換すると良いでしょう。

　劣化が激しく、水漏れなど機能面で問題がある場合は、新しいものに入れ替えることをお勧めします。

　築古のアパートに多い「幅1700ミリ×奥行550ミリ」くらいの流し台を新しいものにする場合、ヤフーショッピングや楽天市場などのネットショップで公団用の流し台が2万7千円〜3万5千円程度で販売されているので、それを購入するといいと思います。

　別途送料が全国一律5千円、取付工賃が約5千円程度かかるケースが多いようです。

　キッチンは高いものと思い込んでいる方が多いようですが、全然そんなことはありません。

　3万5千円の出費で1カ月早く空室が埋まるのなら、やらない手はないと思います。

床、壁、天井のリフレッシュ

❶ クロスの張り替え

　室内リフォームといえば、誰もが最初に思いつくのがクロス（珪藻土、塗装を含む）の施工ではないでしょうか？

　部屋全体に占める壁の割合は非常に大きいので、壁紙を変えることは、入居者の印象を変えることになります。

　割合が大きいということは「短時間の内覧でも目立つ」ということですから、しっかりと手を入れるようにしましょう。

　タバコ汚れや日焼けの跡などが入居希望者さんの目に付かないよう清掃または交換しておくのは当然として、特に汚れがないような場合でも、一部または全部

のクロスを換えるだけで、お部屋のイメージを一新することが出来ます。

〈 リビングや寝室 〉

リビングや寝室のクロスを張り替えるなら、ありふれた白色ではなく、「腰壁調」のクロスを選択してみるといいと思います。

平凡な白色クロスの部屋ばかりを見学してきた入居希望者さんへのインパクトは絶大なものがあるはずです。

腰壁といっても、極端に費用が掛かることはありません。クロス自体の単価が平米あたり400円程度上がりますが、施工費は通常のものと同じです。

1部屋に1面のアクセントクロスを入れるだけで印象が大きく変わる

1室当たりでは数千円から数万円程度の費用負担で済みます。壁紙の張り替えを行う際、クロス職人さんやリフォーム会社さんに、「下部120センチは腰壁調の壁紙を使用してください」とお願いするだけです。

また、腰壁調のクロスは耐傷性に優れていますので、ペット可物件などにも適しています。

〈 水回り 〉

洗面所やトイレなどの水回りには、白は白でも、エンボス（凸凹）加工の施されたタイル調の壁紙を使用すると、入居希望者さんに良い印象を与えることができます。

ファミリー物件の場合、入居を決定する主導権は圧倒的に女性が持っています。デザインされた白色クロスで水回りの清潔感をアピールすることはきっと、成約率向上に貢献してくれるでしょう。

第5章

〈古い物件の壁〉

築30年を超えるようなボロ物件では、壁がクロスではなく土壁や繊維壁で仕上げてあるケースがあります。

土壁や繊維壁のままでは入居募集の際に競争力を維持することが難しくなるため、デザインクロスに変更することをお勧めします。

その際、リフォーム会社さんに、「この繊維壁をクロスにしてください」とお願いしてしまうと、まず大工仕事でボードを新設した後、クロス職人さんがその上からクロスを張ることになり割高になってしまいます。

私が長崎でお願いしているクロス職人さんの場合、現行の繊維壁の上に一旦、樹脂で下地を作り平坦に均した後、その上にクロスを施工してくれます。

コストは下地代込みで平米900円～1200円程度です。そのクロスの張替えも可能なので、特にボロ物件のリフォームではお勧めしたい工法です。

賃貸物件の壁紙は白色が一般的です。しかし、実際に販売されている壁紙の種類には、何百・何千というバリエーションがあります。「腰壁」タイプや、「コンクリート打ちっぱなし」柄、「麻布」「本革」「和紙」調のものまで揃っていま

床にタイル調のCFを貼るのも有効

木目調の腰壁アクセントクロス

コンクリート打ちっぱなし柄のアクセントクロス

す。

　壁紙の選択一つで、注文住宅のような落ち着いた腰壁のある空間や、モダンなコンクリート打ちっぱなし空間、そして南国情緒漂うアジアンテイストまで、他の賃貸物件とは一線を画す、オンリーワンの魅力的な空間を演出することができます。

　今の入居希望者さんは、テレビのリフォーム番組や、自宅のポストに投函される新築マンションのチラシ等で日々新しいデザインの内装に触れていますから、賃貸物件といえどもしっかりと他との差別化を考えておくことは重要です。

　サンゲツの「ファイン」や「リザーブ」というシリーズの見本帳をクロス屋さんに用意してもらうと、役に立つと思います。

❷ フローリング

　クロスの次に室内の大きな面積を占めるのが、フローリングに代表される床材です。

　床は生活をする上で誰しも触れる部分ですので、清潔感とデザイン性に優れたものにぜひ変更しておきたい箇所です。

　具体的には、クロスとの相性を見ながらデザインを決めていくと良いと思います。

〈リビング〉

　壁に腰壁調のクロスを施工した場合、腰壁部分は濃い茶色であるケースが多いので、床も濃い色を選択してしまうと部屋全体が重い感じになってしまいます（新しい物件の場合はこの重さが高級感につながることもありますが…）。

　そんな時は、白系のフローリング材を選択すると良いと思います。

　新築のタワーマンションや注文住宅のパンフレットなどを参考に、床と壁とのコントラストを意識しながら内装のコーディネイトをしていくと良いでしょう。

〈水回り〉

　洗面所やトイレには、タイル調や、黒っぽい御影石調のクッションフロア、フロー

第5章

リングがお勧めです。

　髪の毛などが目立ちにくく、先ほどクロスの項目で紹介したエンボス加工された白色クロスや、洗面台、トイレの便器などの白との相性も抜群です。

　質感はフローリングの方が高いですが、トイレや洗面所など狭くて水気のある場所の場合、クッションフロアの方が施工性と耐水性に優れており、長い目で見ると原状回復時のコストを下げることができます。

2 施主支給
（大家さんからの設備支給）

　過去の著書でも何度か紹介しましたが、私は初期の頃は安くリフォームを仕上げるために、「施主支給」を積極的に行っていました。

「施主支給」とはリフォーム工事を行う際、現場で使用する、例えば洗面台や照明器具、インターホンやフローリング材などを、職人さんやリフォーム会社さんに用意していただくのではなく、施主が直接購入して現場等へ搬入することです。

「この品物を私の物件に取り付けてください」といった感じで職人さんやリフォーム会社さんに取り付け作業のみお願いします。

「施主支給」のメリットは何と言っても、施主の努力次第で設備品の購買価格を下げられるということです。

　次のページ以降、施主支給の具体的な方法を紹介しますので、ぜひ挑戦してみてください。

第5章

建物全般

❶ フローリング材
【8千円〜9千円程度／坪、送料別途2千円程度】

　フローリングは施主支給することによってコストを大幅に削減可能な部材の一

つですので、ぜひ、ネットショップなどを活用してやってみるといいと思います。

過去にはよくB級品も販売されており、私も坪5千円程度で何度もお世話になりました。ただし、現在は部材が高騰しており、8千円を下回る金額でフローリングを購入するのは難しくなっています。

フローリング材のサイズには何種類かの規格がありますが、ボロ物件系で大工さんへ施主支給を行う場合は、「12㎜（厚み）×303㎜（横）×1818㎜（縦）」サイズのものを使用すると良いでしょう。

12ミリ(厚み)×303ミリ(横)×1818ミリ(縦)サイズのフローリング

このサイズだと6枚貼るだけで1坪になるため、施工性が高く、大工さんの作業効率が高まります。

厚みについては、根太の上に直接施工する場合は必ず12㎜のものを、根太とフローリングの間に一旦ボードを施工する場合や既存の床の上に増し張りする場合は、大工さんと相談の上、価格の安い6〜9㎜程度のリフォーム用フローリング材を使用しても良いでしょう。

フローリングは素人には同じように見えても様々な種類があります。

どれがいいかは、大工さんや建物の構造によって施工の仕方が代わりますので、大工さんの意見も参考にしながら打ち合わせを十分に行い、施工性の良いものを選ぶようにしましょう。

❷ 姿見（全身鏡）【1千円程度／1枚】

　イケアの姿見がお勧めです。多種多様な鏡が安価で販売されていますので、大量に購入しておき、リフォーム工事のたびに大工さんへ「いつもの鏡の取り付けをお願いします」と依頼すると良いでしょう。

　設置場所は玄関が良いと思います。

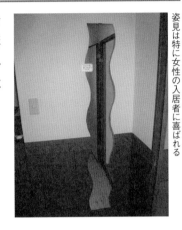

姿見は特に女性の入居者に喜ばれる

❸ 照明器具

・LEDシリーリングライト【5千円前後／リモコン付／1基】

　内見時の印象アップのため、最低でもリビングに1台はリモコン付のタイプを付けましょう。

　光色を切り替えられるタイプが安ければ、そちらを選ぶといいでしょう。

・スポットライト【2千円前後／ビーム球付／1基】

ダウンライトとスポット用のオシャレなライト

　価格が安くて見た目もお洒落なイケアのスポットライトがお勧めです。引っ掛けソケット方式なので、電気工事士の資格がなくても施工可能です。

④ 火災報知機（煙＆熱探知10年寿命）【1500円程度／1台】

ねじ釘で天井に取り付けるだけなので、1台数分で取り付け可能です。

施工は素人でもできますが、作業姿勢が悪くそれなりに疲れるので、大工さんか電気職人さんへ施主支給して、空き時間に取り付けてもらうのが良いでしょう。

台所には熱感知タイプ、それ以外の場所には煙感知タイプになると思います。物件所在の地方自治体のルールに従って、設置場所を決定してください。

様々なタイプの火災報知器がある

⑤ テレビカラーモニターホン【8千円〜1万5千円程度／1台】

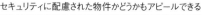

パナソニック製の録画機能付ハンズフリーカラードアホン（1万5千円程度）がお勧めです。

録画機能が必要でない場合は、1万円未満から購入可能です。

他物件との差別化を考えると、受話器を持つタイプではなくハンズフリータイプを、モノクロ画面では無くカラー液晶のものを選択したいところです。

セキュリティに配慮された物件かどうかもアピールできる

施工は、電気職人さんへ施主支給し取り付けてもらいましょう。

既存の配線が利用できる場合は10分程度で施工可能です。既存の配線がない場合は、配線の経路・長さによって施工時間は変動します。

❻ エアコン【5万円〜8万円程度（6畳用）／1基】

　パナソニック製の冷暖房エアコン（6畳用）が5万円〜8万円程度で販売されています。

　取り付けは電気職人さんかエアコン専門の職人さんに依頼し2万円程度です。古いエアコンがある場合は、産廃処分業者さんに依頼します。昔は無料で引き取ってもらえましたが、今は有料で処分する必要があります（5千円程度）。また、大家の責任として、代替フロン等の適正処分にも留意したいところです。

❼ 台所用ワンレバー水栓金具【7千円〜1万円程度／1個】

　ワンレバータイプで、見た目上美しいフルステンレス製のものを選択すると良いでしょう。

フルステンレスのワンレバー水栓

　台付きタイプ（床に取り付け）と壁付きタイプがあるので、施主支給する際には、給排水管職人さんに水栓のメーカー名と型番を伝えて、適合の可否を確認することをお勧めします。

　一部に樹脂部品を使用した廉価版はホームセンター等で4千円くらいで販売されていますが、樹脂部分が見た目上経年劣化するので、中長期的な原状回復コストが掛かります。フルステンレスタイプは7千円程度からのことが多いようです。

第5章

⑧ 洗面所【シャンプードレッサー／3万円程度 (全国送料4千円別途)／1台】

クリナップ製の750mm幅シャンプードレッサーが3万円程度で購入できます。

このタイプはシングルレバー水栓が予め導入されており、「吐水」と「シャワー」の切り替えも可能です。その上、ボール部分が樹脂製の物等もあり、割れにくく、将来の原状回復コストも抑制できます。

⑨ 洗濯機パン【6千円程度(トラップ込み)／1台】

古い物件の場合、そもそも室内に洗濯機置き場がないものや、給排水管はあったとしても、洗濯機パンが設置されておらず、機能面と見た目上の問題があるケースがよくあります。

この問題は、洗濯機パンを新規導入することで解決可能です。

洗濯機パンは、640㎜×640㎜サイズがトラップ込み6千円程度で販売されています。トラップは「横引き」と「縦引き」タイプがあるので、間違いのないよう、事前に給排水管職人さんへ確認することが必要です。

⑩ 洗濯機用オートストッパー水栓金具 【2800円〜4500円程度／1個】

洗濯機パンと合わせて施主支給すると良いのが、洗濯機用の水栓金具です。

既存の蛇口が既に存在するケースが多いと思いますが、経年劣化でサビが発生していたり、見た目上古い印象がしたりする場合は、最新のオートストッパー機能付き水栓に取り替えることをお勧めします。

蛇口自体はホームセンター等で3千円程度から販売されています。

給排水管職人さんへ施主支給し、洗濯機パンの施工と同時に取り付けてもらうと良いでしょう。

⓫ 温水洗浄便座【1万6千円程度／1台】

2024年現在、温水洗浄便座の価格は1万6千円程度（パナソニック製または東芝製）から販売されています。

通常の「便座＋便座のふた」と比較しても1万円程度しか変わらないので、月額賃料5万円未満の価格帯であっても温水洗浄便座の導入を検討すると良いと思います。

施工は給排水管職人さんか電気職人さんへ依頼して1台30分〜45分程度です。トイレにコンセントがない場合は、同時に電気職人さんへコンセントの増設も依頼してください。

便座＋便座のふた【TOTO TC290／TC291】

⓬ トイレットペーパーホルダー（棚付き2連タイプ）【1800円程度／1台】

部材の価格が安く施工も簡単であるにもかかわらず、入居希望者さんの目に付きやすい部分なので、ぜひ交換されることをお勧めします。

お勧めは、一般的な1連タイプではなく、2連タイプで棚付タイプのものです。

購入は、楽天やAmazonなどでリクシル紙巻器や型番【CF－AA64】等と検索し、まとめ買いしておくと良いでしょう。施工は自分でやってもいいですし、大工さんに頼めるようならお願いするのもいいでしょう。5分程度で取り付けは完了します。

2連タイプの紙巻器は台のように使えて便利

施主支給はコストカットに大いに役立ちますが、施主支給を嫌がる職人さんも少なくありません。

お願いする場合には、引き受けてもらえて当然という考えではなく、「お手間をかけて恐縮ですが…」という謙虚な気持ちを忘れないようにしましょう。

第5章

3 リフォーム会社ではなく職人さんへ直発注

「誰にどのようにリフォームを発注するのか?」ということは、不動産投資で失敗しないために大切なポイントです。

それは、物件の立地や融資付け、節税対策と同じくらい、場合によってはそれ以上に、皆さんの不動産投資人生を左右するといっても過言ではないくらい重要度の高いものです。

- ・必要な工事項目のリストアップ
  ↓
- ・現場に合った設備品の選定
  ↓
- ・必要金額とスケジュールの提示
  ↓
- ・各職人さんへの発注と工程管理
  ↓
- ・仕上がりの確認と大家への引渡し

物件を購入した時点で、ある程度、将来の収入金額が決まります。

それは、物件の賃料や稼働率は普通に運営していれば一定の幅の中に収まることがほとんどだからです。

だとすれば、既存の物件に限定して考える限り、利益を増やしていくためには、支出を減らすしかないのです。

そのためには、リフォーム会社ではなく、職人さんへ直に発注することが、大変有効です。

「リフォーム会社さん」と「職人さん」の違いが、明確にわかるでしょうか?

どちらも所有する物件の原状回復や修繕工事・大規模改修を行う際にお世話になる方々ではありますが、両者の間には実は大きな違いがあります。

まず、「リフォーム会社さん」について説明します。

　リフォーム会社さんは、実際に現場で作業をされる職人さんの取りまとめ役ともいえる存在です。

　次のような流れで本来物件の所有者である大家が行うべき業務を代行してくれます。

　一言でリフォームと言っても、現場の状況や予算に応じて、どのようなリフォームを施すか変わってきます。リフォームプランの企画立案を含め、実際に工事を行う各職人さんの取りまとめや工程管理を行ってくれるのが、リフォーム会社さんの役割です。

　大家からみると、プランを決める以外は、基本的におまかせできるのがメリットです。

　次に、「職人さん」についてです。職人さんとは、リフォーム現場で主に作業をされている方のことで、たいていの場合「一日いくら」の料金体系で仕事を請けています。

　「職人さん」には、大工さん、内装職人さん、給排水管屋さん、塗装職人さん、電気屋さん、美装屋さん…といった具合に多くの種類があり、ボロ物件投資でお世話になることが多い主なものだけでも5〜10職種もあります。

　例えば、内装一つとっても、クロス、クッションフロア、ダイノックシート…と多くの専門分野が存在します。細かく数えていくと何十、もしかするとそれ以上の職人さんが世の中には存在するかもしれません。

「リフォーム会社さん」と「職人さん」とでは、仕事を依頼した際の料金体系が異なっています。当然、職人さんへ直発注する方が、中間マージンが発生しない等の理由で価格は下がります。

　私はボロ物件のリフォームの際、職人さんに工事を依頼し、部材を施主支給することで、コストを抑えています。

　自分で直接、職人さんに仕事を依頼するということは、リフォーム内容の企画立案や各職人の取りまとめ、工程管理も自分で行うということです。

　これは誰にでもできることではないかもしれませんが、大幅なコスト削減の効果があるので、やってみる価値はあると思います。

第5章

4 コストカットの失敗に注意

ボロ物件のリフォームにおいて、コストを可能な限り抑えることは、投資の成否を大きく左右します。

とはいえ、コストカットにばかり気を取られて、肝心の賃貸物件としての魅力が下がってしまうようだと問題です。

私は読者さんの手掛けたリフォーム後の物件を見せてもらうことがありますが、時々、コストカットのポイントを間違えて、お客さんに敬遠されてしまっている物件を見かけます。

リフォーム前のツーハンドルシャワー水栓。どこか古めかしく人気がない

節約したい気持ちはわかりますが、リフォームでケチった部分が、お客さんにバレてしまうと、内見に来たお客さんに選ばれなくなってしまいます。

特にケチってはいけないと感じるのは、お客さんが直接指や手で触れるところです。

よくある失敗が、プラスチックを多用した水栓や金具を使うことです。

レバーや蛇口の部分が白やアイボリーのプラスチックを多用したローグレード品を選んでしまうと、いかにも安っぽく見えます。

さらなるコストダウンのためにツーハンドルの水栓を選んでしまうと、使い勝手も

悪くなり、お客さんが敬遠する原因になりかねません。

フルステンのサーモ水栓で見栄えアップ

　数千円を節約したせいでお客さんに敬遠されて、入居が決まらない…。

　それではなんのためのコストダウンなのか、わからなくなってしまいます。

　また、Amazonなどのネット通販を利用するときにも注意が必要です。

　確かに、中国製などの格安製品は日本メーカー製の水栓やシャワーに比べて、価格が1

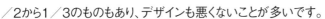

／2から1／3のものもあり、デザインも悪くないことが多いです。

　しかし、買った人からは、「数年で壊れてしまった」「不具合が多い」「交換部品も手に入らない」という話をよく聞きます。

　このようなことが続くと、入居後のクレームが多発するという結果を生みます。

　これらのトラブルは長期入居をさまたげる一番の要因になりますから、見た目と安さだけでは選ばないというマインドが必要です。

　あとひと押しがあれば、入居が決まる！　というようなシチュエーションで、マイナス材料になるようなものは出来る限り避けたいものです。

　これは予算がある場合の話ですが、お客さんを逃してしまうぐらいなら、思い切って一つ上のグレードや、信頼性の高いメーカーの商品を選ぶことをお勧めします。

第5章

5 リフォームにコストをかけるようになった理由

　ボロ物件投資は、やり方によっては超高利回りに仕上げることも可能です。

　みなさんもご存知だと思いますが、地方のボロ物件投資で著名な投資家さんが、「利回り200%オーバーを実現!」そんな派手な見出しと共に、ブログや本で経験談を披露することがあります。

　ウソではないと思います。しかし、最近の私は、そんな情報を素直に受け取れなくなっています。

　そして、「利回り」という言葉が独り歩きしていることを懸念しています。

　そんな話をすると、「脇田さんも利回り30%の物件とか持っていましたよね」と言われることがあります。

　確かに、私が不動産投資を始めた15年ほど前は、20、30、40%、あるいは100%オーバーといった、超がつく高利回りを目指していましたし、実際に達成もしていました。

　しかし、それはあくまでもリフォームを終えて、入居者さんが住み始めた時点での利回りでした。

　また、DIYをする自分の労働力や、DIYをする間、空室になる家賃分を計算に入れないから実現する数字でした。

　それから5年、10年経ってわかったことがあります。

　それらの超高利回りは「瞬間最大風速」的なものだったということです。

　最初にしっかりと直さなかった物件は、後になって、「水道からサビ水が出て困る」「台所の電気がつかなくなった」「汚水の排水の流れがおかしい」といった様々なトラブルが続くことが多かったです。

　しかも、入居中ということで緊急で対応しなければならず、入居者さんの住んだ状況での工事は、入居前に行うリフォーム工事より2～3割高い費用が掛かってしまいます。

　その結果、当初は30％で回ると考えていた「瞬間最大利回り30％」物件も、10年間運営して利回りを再計算してみると、せいぜい10％ぐらいに落ちてしまっていました。

　時間軸を長く取った「平均利回り」を考えた場合、実質利回り30％以上というのは、よほどのラッキーでもない限り、なかなか達成することはできません。

　そのことに気づいた私は、ここ数年は物件を限りなく安く買う一方で、リフォームにはそれなりの資金を投入するというやり方にシフトしました。

　例えば、水道管をはじめとしたインフラ関係は、最初に全て新しいものに交換するようにしています。

　DIYもほとんど行いません。職人さんに依頼をする方が早く工事が終わり、早く入居者募集を始められるからです。その結果、家賃は初期の頃よりもアップでき、入居者の方が住み始めた後のクレームが出にくく、長期的に安定した家賃収入を得られるという好循環の中で賃貸経営ができるようになりました。

　もちろん、最初はDIYも取り入れてコストを抑えたリフォームを行い、超高利回りを目指す時期があってもいいと思います。

　DIYが好きで得意な人なら、リフォームの腕を磨きながらずっとそれを続けるという道もあるでしょう。しかし、全員がそんな人ばかりではないはずです。

　実際にはボロ物件投資を行う人の多くは、これを「副業」として捉えていると思います。

　本業に差し支えないように「時間」と「労力」をできるだけかけない方法で不動産投資を行うことは、長く続けていくためにも大切なことだと思います。

　その方のステージにもよりますが、できれば一度、「利回りは高ければ高い方が

第5章

いい」「外注は極力減らすことが正義」「コストは1円でも安く抑えるのが正解」などのコスト至上主義はいったんリセットして、長期的な視点から見たボロ物件投資の進め方を、しっかりと考え直してみることをお勧めします。

　私自身は、ボロ物件投資を15年やってみて、「目先の利回りに囚われることなく、長期安定の収益をもたらす物件作りをすることが、トータルでは一番儲かる」と感じています。

　もしも、すぐにそれを行うのが難しいという場合も、頭のすみにこのことを置いておくことで、だんだんとボロ物件投資がラクになっていくと思います。

最後に、 脇田が第5章の内容をわかりやすく解説する【まとめ動画】をご用意しました。さらに内容を深めるためにぜひご参照ください。

【まとめ動画】（無料）は以下URL、またはQRコードよりご視聴できます。

https://www.wakita.in/limited/

スマホから
はこちら！

コラム Before&After写真で見る
低価格で中古物件をリファインする方法

ここでは物件購入後のボロボロの状態から、
脇田式リフォームで劇的に生まれ変わった事例を
ご紹介していきます。

玄関

学校の廊下のようなフローリングや古さを感じるタイルだったため、壁は白の壁紙で明るく、床は石目調の柄で、マンションの共用部等によく使用されるノンスキッドシートを施工した。（床：サンゲツ NONSKID PM-983）

廊下

茶色が基調の少し暗い印象があった廊下。柱を見せない大壁に仕上げ、明るい色のフローリングを施工し、天井にはダウンライトを設置した。玄関から続く廊下は、大事なアピールポイントなので、丁寧なリフォームを行いたい。

LDK

狭く、使い勝手が悪そうなキッチン。流し台の向きを変え、カウンターキッチンへ変更。さらに仕切りの壁を取り払い、隣の部屋と繋げて広く開放的なLDKとした。戸建の賃貸物件の決定権は女性にある場合が多いため、女性ウケをイメージしリフォームをすることが重要。

リビング

元は台所の隣に和室という、古い物件にはよくある間取りだったが、リフォームで洋室化した。壁には間接照明を施工し、壁掛けテレビ用の壁を作り、電源や同軸ケーブル差込口を設置した。ボロ物件投資ではまず見かけない作りのため、この物件の一番のアピールポイントとなった。壁掛けテレビ用の壁は、重いテレビを想定し、しっかりとした下地を作る必要がある点に注意。

第5章

和　室

残置物が大量にあった和室。「戸建には1部屋くらい和室が欲しい」との意見を仲介営業マンからよく聞くため、和室のままでリフォーム。畳は琉球畳にし互い違いに設置する事でオシャレに。壁紙は青のアクセントクロスで仕上げた。(畳:ダイケン和紙畳清流06亜麻色・10乳白色)　(壁:サンゲツ　ファインFE-74018)

洗面所

鏡も無い洗面台、タイルの壁だった洗面所。洗濯機パン、洗面化粧台を設置し、クロスで仕上げた。洗濯機用の水栓金具はオートストッパー水栓を使用。賃貸物件での漏水トラブルは被害が大きくなりやすい。接続ホースが外れても自動で止まる緊急止水栓付き水栓は必ず導入している物の一つ。(INAX LF-WJ50KQA)

トイレ

和式から洋式へ変更。電気屋さんへ依頼しコンセントを新設、設備屋さんに温水洗浄便座を取り付けてもらった。ポイントは便器背面のアクセントクロスと2連タイプのペーパーホルダー。このホルダーは小物置きにもなり、入居者さんからの評判も良いためよく施工している。

壁紙例

フローリング例

第6章

ボロ物件でも満室経営を維持する方法

この章では、購入後の入居者募集や満室経営に向けた取り組みを紹介します。

「賃貸仲介さんへ広告料を支払う」

「賃貸営業マンさんへ個人的に謝礼を支払う」

　こうした作戦は有効ではありますが、万能ではありません。

　特に物件の数が増えて来たとき、たくさんある物件の中でどうやって自分の物件を優先的に埋めてもらうか、それを仕組みとして構築する必要があります。

　立地が良くても、需要にあったリフォームを完了しても、お部屋を探している人にその情報が届かなくては、いつまでたっても空室のままです。

　また、一時的に入居してもらうだけでなく、長く住んでもらうことでトータルの利益を上げていくことも大切です。

　そして、そのためには人の半歩先を行くちょっとした工夫が必要となります。

　私が実行している方法を紹介しますので、ぜひ試してみてください。

1 仲介営業マンさんに自分の物件を優先的に扱ってもらう

　ここからは、物件を購入し、リフォームが終わってからの入居募集について説明します。

　仲介会社の営業マンさんは、日々何十、何百という物件を扱っています。

　2〜4月の繁忙期ともなれば、朝から晩まで数え切れないほどの物件を案内するケースも珍しくありません。

　そのような状況で、自分の物件を優先的に扱ってもらうためには、彼らに、「あなたの物件を優先的に扱いたい」と思ってもらえる大家になることが重要です。

　では、具体的に何をしたらいいのでしょうか。

　その答えとして、6つのポイントをご紹介していきます。

第6章

❶ 賃料を相場の8割〜7割に設定する

　物件の賃料は、そのエリア毎に間取りや広さ・築年数などに応じて相場があります。

　通常は相場よりも〝高く貸す〟ために、デザインリフォームを行ったり、高価な設備を導入したりといった努力をするわけですが、ここでお勧めするのは〝その逆〟、つまり相場よりあえて2割〜3割低い金額で入居募集を行うということです。

　例えば、仲介さんが「一般的には5万円で貸せます」という物件であれば、あえて3万5千円〜4万円で募集を行うのです。

　当たり前ですが、競合と同等レベル以上の物件であれば、価格が低い方が案内からの成約率が上がります。

　誰だって「案内すればすぐに申し込みが入る」物件を優先的に扱いたいものです。

　私の経験では、賃料相場が固まっていないケースが多い戸建の場合は相場の7割、相場が固まっていることの多いアパートの場合は相場の8割程度の賃料を設定すると、最も費用対効果が高くなります。

　理由は、いただける賃料自体は減少するものの、入居が決まりやすく「割安でお得な物件」ということで退去も減るため、「空室率」と「退去時の原状回復費用」を抑制できるからです。

　ただし、この方法で募集を行う際は、あらかじめ入居者さんと交わす賃貸借契約書において、「短期解約違約金」の取り決めの特約を追加されることをお勧めします。

【短期解約違約金】
・本物件の賃料は借主が長期間の入居を約束することを前提に低く設定しているため、万が一、下記の期間内に、借主都合により本契約及び更新契約を終了する場合は以下の短期解約違約金を借主は貸主へ支払うものとする。

※短期解約違約金
①初回賃料発生日より6ヶ月以内の解約:賃料の4ヶ月分
②初回賃料発生日より1年以内の解約:賃料の2ヶ月分
③初回賃料発生日より2年以内の解約:賃料の1ヶ月分

❷ 敷金・礼金を下げる

　この項目については説明の必要はあまりないと思います。入居者さんが支払うべき初期費用が少なければ少ないほど、営業マンさんにとって入居を決めやすくなります。

　ボロ物件系で私がお勧めするのは、戸建の場合【敷金ゼロ・礼金2ヶ月】、アパートの場合【敷金ゼロ・礼金1ヶ月】です。

　入居希望者さんにとってのハードルを上げてまで、将来返金しなくてはいけない敷金を預かるのであれば、多少成約率が下がったとしても、礼金という形で大家の収益にした方が良いと思うからです。

　敷金を預かっていてもいなくても、正当な理由があれば、退去時に原状回復費の請求は行うのですから、個人的には、そもそもの物件価格が低いボロ物件では特に敷金を預かることの意味は無いように思います。

❸ 「初期費用定額パック」キャンペーンを行う

「初期費用定額パック」とは文字通り、「入居者さんが支払う初期費用を予め定額にしてしまおう」という取り組みです。入居希望者さんにとっては、最初に必要な費用が決まっているため安心感を得られるというメリットがあり、営業マンさんにとっては、物件を案内することが出来る入居希望者さんの層が広がるというメリットがあります。

　この初期費用には、

・敷金
・礼金
・仲介手数料(本来入居者さんが仲介さんへ支払うもの。共益費等は除く家賃相当額)

・保証料（保証会社に支払う保証料を初回分のみ）

・入居者総合保険料（最初の1年分、約8千円のみ。2年目以降分は保険会社さんから入居者さんへ直接請求）

が含まれます。私の場合、お家賃は別途頂戴しています。

設定する金額については賃料の1ヶ月分程度が適当です。

まずは、「敷金ゼロ・礼金2ヶ月」程度で募集を行ってみて1ヶ月程度経過しても成約しない場合や、空室数が多く通常より強い入居促進効果を得たい場合などは、このプランを選択すると良いと思います。

❹ 広告料を支払う

広告料についての説明は必要ないと思います。ここでは、「どのように広告料を支払えばより効果的か?」について紹介します。

方法は簡単です。まず、営業マンさんへ「他の大家さんは平均何ヶ月分の広告料を支払っていますか?」と聞いてみます。地方の場合（札幌等の競争の激しいエリアを除く）、たいてい0・5ヶ月分〜2ヶ月分くらいというケースが多いと思います。

次に、「私の物件を最優先で扱っていただくには何ヶ月分お支払いすればよろしいでしょうか?」と聞いてみます。そうすれば、「3ヶ月分いただければ最優先で動きます」などと具体的な返答を得られると思います。

ポイントは、ここで「変な話ですが、個人広告料と店舗広告料はどのように按分させていただけばよろしいでしょうか?」と打診してみることです。

そうすれば、「個人広告料をいただけるんですか!? ありがとうございます。うちの店舗は最低0・5ヶ月分いただければ問題ありませんので、それ以外にいくらか個人的にいただけるとありがたいです」などといった感じで話が進んでいくと思います。

広告料のトータル金額は、募集をお願いしている物件の競争力などに応じてケースバイケースで判断してください。場合によっては、個人広告料を支払うこと

を条件に、全体の金額を抑制することも可能だと思います。

❺ 携帯電話を常時持ち歩く

一見、当たり前のようですが、営業マンさんからの電話に大家さんがすぐに出ないケースが結構あるようです。

例えば、営業マンさんが物件を案内中、「あと千円値引きしてくれたら入居したい」「ウォシュレットを付けてくれたら入居します」といった条件交渉が入ったとき、現地から携帯ですぐに大家さんと連絡がついて、その場ですぐに決済が取れるということは非常に重要です。

営業マンさんと大家がスムーズに連携できていないと、どんどん成約率が下がっていってしまいます。

❻ 裁量権を渡しておく

とはいえ、「いつも携帯電話に出られる環境ではない」という大家さんもいます。

そんな場合は、営業マンさんに予め「裁量」を渡しておくといいでしょう。
「裁量」とは、例えば、入居希望者さんから家賃の減額交渉が入った場合、大家に連絡しなくても「最大2千円までは値引きに応じても良い」とか、「5万円までの設備については大家への確認不要で付けても良い」といった権限を予め渡しておくということです。

第6章

2 空室が埋まらない理由を具体的な数字に基づいて分析する

不動産投資を行う上で、入居率を100%に近づける努力は欠かせません。

そこで、私が実践している効果的な空室募集の方法をお伝えします。

退去に伴う通常の入れ替えの際の募集ではなく、ずっと募集を掛けているにもかかわらず、空室が1ヶ月以上発生した場合の対策です。

まず、「なぜ入居者が決まらないのか?」の原因を特定します。

最初は、入居者募集をお願いしている仲介会社さんに、率直にアドバイスを求めましょう。

その際、次の5つのポイントについて確認することをお勧めします。

❶ どのメディアに募集広告を出しているか?

通常、入居者募集を賃貸仲介さんへ依頼した場合、担当の営業マンさんが自社のサイトや、アットホーム・HOMES・SUUMO・CHINTAI等のサイトに物件情報を掲載してくれます。

まずは、自分の物件がこれらのサイトにちゃんと掲載されているかを確認しましょう。

入居希望者の90%以上がネットで物件を探している中で、このような代表的なサイトに自分の物件が紹介されていないのは致命傷になります。

掲載されていない場合は、すぐに営業マンさんへ連絡を取り、可能なものだけでもいいので掲載を依頼してください。

❷ そのメディアの反響は?

「どのメディアに自分の物件の募集広告を出しているか?」がわかったら、今度は、「そのメディアからの反響はどうか?」を担当の営業マンさんに確認します。

例えば、「スーモに掲載してもらっている僕の物件ですが、今週のページビューはどのくらいですか?」などと聞いてみて下さい。

すると、「今週は128人が閲覧しました」というような返答があるはずです。

ページビューの数字だけを聞いても、その数字が多いか少ないかがわかりませんので、「同一エリア内の競合物件と比較して多いか少ないか」についても確認しましょう。ヒアリングの結果、明らかにページビューが少なければ、募集広告の内容に問題があると考えられます。

ページビューが少ないときは、以下の(a)〜(d)の4点を確認すると良いでしょう。

(a) 賃料・共益費・敷金・礼金に競争力はあるか?

空室が長引いたときはまず、募集条件が周辺エリアのよく似た間取り・築年数・設備の競合物件と比較して「適切な範囲内」に収まっているかを確認しましょう。

超低価格物件の多い地方では、家賃に高いお金を支払う層は多くないのが一般的です。どんなに良い物件でも、家賃相場より高ければ、入居は決まりにくくなります。

逆に、家賃設定さえ間違わなければ、入居者の確保はそう難しくはありません。

賃料が適正な範囲内に収まっているという前提で、サイト内の注目度を上げるためのテクニックをお伝えします。

ほとんどの検索サイトでは5千円区切りで家賃条件を検索できます。そのため、例えば3万円前後の賃料を設定したい場合、「3万千円」よりも「2万9千円」と

第6章

した方が多くの人の目に触れます。

　3万千円と設定すると、「2万5千円～3万円」で検索している入居希望者さんに、自分の物件が認識されません。

　この考え方は家賃だけではなく、他のすべての項目にも当てはまります。検索サイトに自分の物件を最適化していくことが、入居付けの勝敗を分ける鍵なのです。

（b）写真は掲載されているか？「住みたい！」と感じる写真か？

　人の脳は、文字より先に写真などの画像を認識します。

　いくら魅力的な条件を文字として検索サイトに掲載しても、その横に表示されている物件写真の印象が悪いと、成約率も下がってしまいます。もちろん、検索サイトに用意されている写真欄を空白のまま空けておくなんて、論外です。

　サイトに掲載する写真の撮影や選定は、ほとんどの大家さんが仲介の担当さんに任せきりだと思います。しかし、そこで手を抜かず、自分で撮影した写真を仲介さんへ提供することをお勧めします。

（c）検索条件は正しく設定されているか？

　サイト上では、単純なミスも防がなければいけません。例えば、バイク置き場があるのに、検索サイトで「バイク置き場有り」の項目にチェックを入れ忘れてしまうと、「バイク置き場有り」で検索している入居希望者さんを逃すことになります。

　私の経験上、多忙な営業マンさんに入力をまかせておくと、1ヶ所や2ヶ所の間違いは必ずあるものです。

　また、「通常は礼金が必要だけれども、毎月の賃料を上乗せする場合は初期費用を免除する」というような特例がある場合は、両方のパターンをサイトに掲載してもらうようにすると更に露出度が高まります。

（d）「備考」「その他」「アピール」欄で物件の魅力を伝えられているか？

　たいていのサイトには、フリーワードを入力できる項目がありますので、そこに、

「フローリング・クロス新品です！」

「シャンプードレッサー導入済み！」

「温水洗浄便座導入済み!」
「割安なLPガスでお財布にやさしい賃貸ライフをどうぞ!」
　などと、何でもいいので自分の物件のPR文を掲載しましょう。
　客観的に募集広告を見ると、なぜか備考欄が空白というケースが多く見られます。とてももったいないと思います。

❸ 店舗への来店数は?

「募集広告を出しているメディアの反響」がわかったら、今度は「店舗への来店数」を営業マンさんへ確認します。
「うちの物件を指名して来店された入居希望者さんは、今週は何人いましたか?」という形で、担当の営業マンさんに聞いてみましょう。
　賃貸仲介さんの店舗では、私たち大家が想像している以上にシステマチックに情報管理がなされています。ですから、この数字もすぐに出してもらえるはずです。
　同一エリア内の競合物件や過去の同時期のデータから判断して来店数が少なければ、募集広告に問題がある可能性が高いといえます。
　その場合は、ここまでの対策を参考に、募集広告の見直しをしてみてください。

❹ 物件の内見数は?

「物件の内見数」とは、実際に入居希望者さんが物件を見学した数のことです。
　通常、入居希望者さんが賃貸仲介の店舗へ来店した場合、まずは、店頭で営業マンさんと打ち合わせを行い、物件を3〜5軒くらいに絞り込んだ上で、営業マンさんの運転する営業車で、順に見学に向かいます。
「物件の内見数」が少ない場合は、入居希望者さんが店舗にやってきてから、物件見学に出掛けるまでの打ち合わせ段階に問題があるのかもしれません。

　その場合は、更に次の2点について、営業マンさんに確認してください。

（a）入居希望者に対して、自分の物件を見学に行くよう提案したか?
　部屋探しのために不動産屋さんを訪れるのは、サイト等であらかじめ目当ての

第6章

物件を決めて、「この物件を見せてください」という人ばかりではありません。

目当ての物件が決まっていない人に対して、「自分の物件を見学してもらえるかどうか」は、営業マンさんのトークにかかっているとも言えます。

ですから、「入居希望者に対して、自分の物件を見学に行くよう提案してくれたか?」を営業マンさんに確認することは、とても大切といえます。

「はい。皆さんに提案していますよ」

という返答があれば問題はありませんが、もし、そうでなかった場合は対応が必要です。

まず、「なぜ勧めなかったのか?」を率直に聞いてみて下さい。

営業マンさんの口からは、

「今回は、入居希望者さんの条件に合わなかったのでご紹介しませんでした」

「最近、入居希望者さんが少なくて…」

などと、当たり障りのない答えが返ってくると思います。しかし、そこは深読みをしなければいけません。

もしかすると、競合エリア内に、自分より多く広告料を出している大家さんがいるため、店舗としての「重点物件」になっていないのかもしれません。

賃貸仲介さんの店舗では、広告料の差等により、店舗として入居付けを行う際の優先順位が綿密に決められているケースが多いようです。

「賃貸仲介さんの店舗に自分の物件のチラシが貼りだされているか?」を確認してみてください。もし、自分の物件が店舗内の目立つ位置に貼りだされていない場合、その物件が、「営業マンが決めたい物件」になっていない可能性が考えられます。

重要なことは、こうした賃貸営業マンさんの事情を把握した上で、自分の物件を「店舗としての重点物件」&「営業マン個人として決めたい物件」の両方に位置付けてもらうためにはどうすれば良いか? と考えることです。

常にその視点を持ちつつ、担当営業マンさんとコミュニケーションを図ることが大切です。

(b)「自分の物件を見学しよう」という提案に対しての、入居希望者の反応は?

「私は入居希望者さんに物件見学を勧めたのですが、断られてしまいました」

　という返事が返ってきたときは、その理由を必ず営業マンさんに聞いてください。

「会社から遠いから」「明らかに、家賃が予算を超えているから」

　という場合は、仕方ないといえますが、

「特に悪い点はなかったのだけれども、なんとなくピンとこなかった」

　というようなケースは見過ごせません。

　特に悪い点はなかったということは、ちょっとした「写真の見せ方」や、物件の「アピールの仕方」がよければ、入居を決められたかもしれないのです。

　この場合には、ここまでの対策を参考に再度、募集広告の中身を検討すると良いでしょう。

❺ 申し込まなかった理由は?

　①〜⑤までの努力を重ね、入居希望者さんの見学まで進んだのに、残念ながら「申し込み」に至らなかったという場合、必ず営業マンさんに「その理由」を尋ねます。

「水回りの設備が想像より古かったから」「室内の印象が良くなかったから」

「駐車場の出し入れが難しそうだったから」

「共用部が汚れており管理が行き届いていない印象だったから」

　という返答を得られるはずです。

　ここで得られた「入居者の声」を精査し、コストや手間を考慮しながら、効果的なものから順に改善していくことが、長期的な視点で物件の入居率を上げていくための一番の近道です。

　例えば、「水回りの設備が想像より古かったから」ということであれば、台所や浴室の水栓を、高級感のあるステンレス製のワンレバー式のものに変更（工賃込1万円〜2万円くらい）したり、既存の流し台や洗面台の扉面にカッティングシートを施工（工賃込2万円〜3万円くらい）したりという対策が考えられます。

　また、洗面台が古いタイプのものであれば、幅広タイプ（750ミリ以上）でシャワーヘッド付きのものに変更（工賃込4万円〜5万円くらい）するだけでも劇的に印象が変わります。

第6章

3 賃貸仲介さん 以外にも頼るべし!

　入居者募集を行う際、言うまでもなく賃貸仲介さんは心強いパートナーです。

　私の場合、これまで全入居者さんの約95%を賃貸仲介さんから紹介していただきました。このことは、とてもありがたく思っています。

　しかし、私たちは不動産賃貸業の経営者ですから、入居者募集という分野でも「常に複数の選択肢を確保しておく」ことも重要です。

　ここでは、残り5%、自分独自のルートで入居を決めていく方法について紹介します。たかが5%、されど5%です。是非参考にしてみてください。

❶ 入居者紹介クーポン

　一つ目の方法は、大家が退去者に「入居者紹介クーポン」を発行するという方法です。

　「退去のご連絡ありがとうございました。最後に、このクーポンを進呈いたしますので、よかったらこのお部屋に、お友達やお知り合いの方をご紹介ください」といった感じで、退去の連絡をくれた入居者さんにクーポンを渡します。

　このクーポンには、下記のように記入しておきます。

　「これまでのご入居まことにありがとうございました!　新しいご入居者様をご紹介いただけましたら現金**万円をもれな

く進呈いたします！　有効期限＊＊年＊＊月／物件名・脇田（090－＊＊＊＊－＊＊
＊＊）／※本券はご紹介いただいたご入居者様が、＊＊年＊＊月までに、大家と直
接文書により賃貸借契約を締結し、かつ、家賃の入金を連続3ヶ月分遅延なく確
認させていただいた場合有効となります」

　手書きでも構いませんし、パソコンで作成されて印刷したものをストックしておく
のも良いと思います。金額や文面は適宜変更してください。
　ちなみに私は、家賃1〜2ヶ月分に設定しています。

❷ 現地看板で入居者を募集

　二つ目の方法は、物件の接道部分や玄関扉などに、「ご入居者様募集中！
詳しくは090－＊＊＊＊－＊＊＊まで」といった看板や張り紙を掲示する方法です。
「息子が結婚することになったので、自宅の近くで物件を探していた」
「荷物が増えてきたので、倉庫代わりに使用したい」
　といった、エリア限定のご近所さん需要が見込めます。頻度は決して高くはあり
ませんが、確実に反響を得られる方法です。

　このときの注意点は、「家賃などの詳しい募集条件は記載しない方がいい」と
いうことです。
　具体的な家賃を掲載してしまうと、アパートなどの場合、既存入居者さんとの間
でトラブルの原因になる可能性があるからです。
　また、電話番号を載せるので、個人情報が広まるリスクはあります。対策として
できることは、携帯番号をもう一つ持つくらいしかありません。
　メールアドレスのみ記載するという方法もありますが、年配の方など、メールは
使わないという方も世の中には相当数いますので、PR効果が薄まります。

❸ 市役所へ営業活動

　三つ目の方法は、主に低価格帯の物件で活用できる方法です。
　物件所在の市区役所の生活保護担当部署へ行き、「私、○○で大家をして
いるものですが、私の物件の募集チラシを置いていただくことはできないでしょう

第6章

か?」とお願いしてみるのです。

　原則的に、各生活保護担当部署では入居者さんの斡旋はしていません。しかし、チラシを置くことは認めているところもあります。

　少なくとも私の場合は、快く承諾してもらえました。

　その際、窓口の担当者さんへ「私は大家ですので、仲介手数料や保証会社の保証料は不要です。また入居者さんが加入される保険料も割安なので、初期費用を抑えられますよ」と伝えておくと良いでしょう。

　持参するチラシはA4用紙2枚〜5枚程度で、1枚目には、「仲介手数料・保証料なしで今日からご入居いただける物件あります。連絡先090ー＊＊＊＊ー＊＊＊＊」と大きく記載し、2枚目には一般的な募集広告の内容（間取り／築年数／賃料／敷金・礼金など）、3枚目以降は物件の写真などをカラーで印刷します。

　これらを、「イージークリップファイル」等を利用して製本して配るといいでしょう。

　この方法が軌道に乗り始めると、市役所の担当者さんの方から、
「脇田さん。先日いただいたチラシを配り終えてしまったので、またお持ちいただけませんか?」といった連絡が入るようになります。

4 生活保護受給者も大切な入居者です

　私の物件の入居者さんのうち、約2割が生活保護受給者です。

　生活保護費には8種類の扶助がありますが、その中で、住宅の維持費のために支払われるのが「住宅扶助」です。

　住宅扶助の金額は、地域や世帯数などによって異なります。

　例えば東京都23区では一人世帯5万3700円、二人世帯6万4千円などと定められています。

　そして長崎では、単身者が3万6千円、二人暮らしが4万3千円、ファミリーが4万7千円です。

　生活保護の受給者は、原則としてこの住宅扶助の範囲に収まる家賃の住宅を選ぶことになります。

　そのため、私は家賃の値付けをするときに、「この物件は生活保護受給者の方に好まれそうだな」というアパートについては、この金額の支給上限にあわせた値段設定をしています。

　なぜアパートだけなのかというと、戸建の家賃相場は生活保護の基準よりも市場価格の方が高いので、そちらに合わせているからです。

　生活保護を受けているけれどどうしても戸建に住みたい、という方もいます。そういう方は、支給額に足りない差額を自分で手出しして住んでいます。

　ちなみに住宅扶助で支給されるのは家賃のみで、共益費や水道代などは対象外です。

　例えば住宅扶助費の上限が5万円の地域で家賃が4万8千円、共益費が2

第6章

千円の場合、支給されるのは家賃の4万8千円のみということになります。

　ニュースなどでよく、生活保護費でパチンコに行ったり、お酒を買ったりして次の需給までにお金を使い切ってしまうような人が問題になります。

　そういった話を聞くと、「入居者さんは生活保護費の中から家賃をきちんと振りこんでくれるだろうか」と心配になるかもしれません。

　その点、長崎は入居者を経由せず、役所から大家に直接家賃が支払われる仕組みがあるので安心です（ちなみに毎月3日に代理納付されます）。

　転居に必要な敷金・礼金なども生活保護費から支給されます。

　このように、生活保護の受給者は大切なお客さんなのですが、注意点もあります。

　生活保護を受けている方の中には、なんらかの障害を持っていたり、病気の治療中だったりする方も多くいます。

　その中には精神的な病気を患っている方も一定数いらっしゃいます。

　私はそのような方については、入居をお断りしています。

　他の入居者の方に迷惑をかけてしまうリスクや、自殺のリスクがあるからです。

　一方、足が不自由だったり、耳が不自由だったりという身体障碍者の方や、知的障害があるという方については、（一人で生活ができる方という前提になりますが）、問題なく受け入れています。

入居付けで失敗する人の特徴

ここまで入居付けの為に必要なノウハウや注意点を紹介しました。

しかし、中にはそのやり方を知っていても守ろうとせず、失敗してしまう人がいます。

例えば長崎出身の人に多いのが、賃貸需要を無視して自分の知っているエリアで物件を買ってしまうことです。

昔住んでいた町など、知っている地名を見つけると安心感が増すのかもしれませんが、そのエリアに賃貸需要があるとは限りません。

自分の自宅や別荘なら何も問題はありませんが、投資として行う以上、賃貸需要を無視することは最もやってはいけないことだと思います。

また、リフォームの際に、無垢のフローリングを使いたいとか、花柄の壁紙を使いたいとか、住む人のニーズを考えずに自分の趣味にこだわる人もマイナスです。

過去に周囲の説得を聞き入れず、オーナーが自分で選んだ花柄のクロスを使ったことがあったのですが、その部屋だけ長く空室が続いてしまいました。

オーナーが慎重に入居者を選びすぎるせいで、長く空室が続くというケースもあります。

「私の物件は女性に入ってほしい。独身男性は部屋を汚すから避けたい」

「安定している公務員に入ってほしいので、それ以外は断ってください」

などと言って、せっかくの申し込みを断ってしまう人もいます。

しかし、実際には女性は部屋をキレイに使って男性は部屋を汚すという思い込みは正しいとは限りませんし、公務員でも滞納する人やトラブルを起こす人もいます。

第6章

141

そういった現実を知ろうとせず、またプロの意見を聞こうとせず、自分の狭い考えを賃貸経営にあてはめようとすると、なかなかうまくいきません。

広告費を支払うのを嫌がる、という人も入居付けで苦労する傾向にあります。
長崎では広告料は家賃の1〜2カ月分が平均的です。
よっぽどの好立地の物件を除くと、広告費ナシでは賃貸営業マンは積極的に動いてくれません。
また、普通に1カ月分を出してもそれが平均ですので、目立ちません。
そのため、私はあえて2カ月分の広告料を出して素早く埋めるということをよくやります。
これを仲間内では「損して得取れ戦法」と呼んでいます。

繁忙期を逃した場合や、賃貸需要の弱い物件を買ってしまった場合は、特にそうなのですが、広告費をケチると空室の長期化につながります。
仮に5万円の賃料設定で、広告料2か月分を出してすぐに決まれば出費は10万円です。

一方、広告費を1か月にして入居が決まらない期間が2か月以上になれば、ひと月ごとに5万円の機会損失が出てしまいます。
最初に多く支払うため損をしたような感覚になりますが、時期やエリアや間取りなどを総合的に考えて、最も利益が増えるやり方を選ぶのが得策です。
何事もそうですが、その分野の最前線で結果を出している人の意見を参考にすることが大切だと思います。

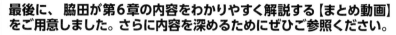
最後に、 脇田が第6章の内容をわかりやすく解説する【まとめ動画】をご用意しました。さらに内容を深めるためにぜひご参照ください。

【まとめ動画】（無料）は以下URL、またはQRコードよりご視聴できます。
https://www.wakita.in/limited/

スマホからはこちら！

あとがき

　私がボロ物件投資を始めてから、早いもので16年が経過しました。

　スタートした時は会社員でした。ゼロからスタートし、本書の出版時点で200世帯を超える物件を所有するに至りました。

　この16年の間に世の中の投資に関わる環境は大きく変化しました。

　スルガ銀行のかぼちゃの馬車問題に端を発して融資が出づらくなったり、コロナ禍の影響により物件のリフォームに必要な部材の価格が高騰したり、職人の人件費高騰が常態化するようにもなりました。

　このような、ある意味"逆風"ともいえるような環境下で、なぜ脇田は順調に物件を増やし続けることができたのか？

　それはボロ物件投資の「物件を買えば買うほど、どんどん有利になっていく」という特性と関係しています。

「買えば買うほど有利になる」とはどういうことか？

　本書の内容を復習するような形になりますが、順を追ってご説明していきます。

　まずは、物件購入です。

　ボロ物件投資を行うためには比較的安価な物件価格だけではなく、長期間の入居に耐えうる水準の工事を行うためのリフォーム費用が必要です。最低限の修繕で済ませば瞬間風速的に高い利回りを出すことはできますが、結局、後から修繕が発生して痛手を負います。

　私は16年の賃貸経営の中で、最も利益が残るやり方を追求して、まず安く購入、そして最初にしっかりと直すという方法に辿り着きました。それを実現するには、数百万円程度の資金が必要となることがほとんどです。

　1棟目を購入する際は、この費用を全額自分で働いて貯める必要があります。しかし、次に物件を買うときは、貯金にプラスして前の物件の家賃が

入ってくるため、お金が貯まるスピードは速くなります。

　物件数が増えれば、その家賃たちが次の物件を買ってくれることになり、1年ごとに1軒新しいボロ物件を購入していくことも可能になります。収入（家賃）も資産（物件数）も雪だるまのようにどんどん大きくなっていきます。

　最初に現金を準備する必要があることから、「利回りはいいけれども手持ち資金がすぐに枯渇してしまう」「次の物件をどんどん買えない」というネガティブな印象を持たれることが多いボロ物件投資ですが、それを上回るメリットがあると私は感じています。

　税金面は安く、ローンの返済もない（つまり金利の支払いがない）ため、手残りが多い。だからこそ、私はフルローンの一棟マンション投資から、このやり方にシフトチェンジしたのです。

　私はこのメリットを存分に享受できたおかげで、16年という期間で200世帯を超える物件を所有することができました。

　そんな私は皆さんにもぜひ、1戸を買ったら、同じエリアで2戸、3戸と増やしていくことをお勧めします。なぜなら、そうすることでスケールメリットを発揮できるからです。

　次にリフォーム時です。

　リフォームを行う際にも、規模のメリットは効果を発揮します。職人さんやリフォーム会社さんから見た場合、1棟だけリフォームをするいわゆる初見の大家さんと、複数棟を所有していて毎年工事を発注してくれる大家さん、どちらに対してより有利な条件を提示したくなるでしょうか？

　部材の仕入れや職人の人件費、デザインやアイディア料、リフォーム中に余った設備機器・部材を自分が所有する他の物件で流用する等、ありとあらゆる場面で様々なコスト削減効果が発揮されます。

　そして、最も重要な入居付け・管理時にも規模のメリットが効いてきます。複数棟の物件を所有していれば、それだけ賃貸仲介さんと接する機会が増え、お得意様として対応いただけるケースが増えてきます。

　毎年物件を購入し、入居募集をお願いする規模になれば、「来年以降も定

期的に客付けの機会が出てくる大家さんだ」と認識してもらえます。更に投資棟数が増えてくれば、半年に一度、3カ月に一度、更には毎月賃貸募集を行っている状態にもなりえます。

　古いけれどしっかりとリフォームしてあり、家賃も割安な物件に仕上げて募集をお願いすることで、「この大家さんの物件はスムーズに広告料・仲介手数料を稼げる」とプラスの認識をしてもらえるでしょう。

　複数の物件について入居募集することで、そのエリアで現在人気の間取りは何か？　どんな設備が喜ばれて、どんな設備はそこまで必要とされていないのか？　といった、投資を行う上で必要な市場調査を、特段の努力をせずとも常に把握することも可能になります。

　投資で成功するための秘訣は、「世の中の入居者さんが求める賃貸物件」を、適切かつ必要最低限の工事で提供し、長く住んでいただくことです。そのためには前述の市場調査、いわゆる賃貸市場のビッグデータを持っているということは何物にも代えられない強みとなります。

　私は自己所有200世帯を賃貸経営している他に、投資サポートとしてご希望の方よりお預かりした賃貸物件400世帯についても管理運営しています。つまり、合計600世帯の賃貸運営から得られるビッグデータを活用して、日頃から、「より空室が少なくて済む物件づくり」「より低いコストで長期間の入居が見込める物件づくり」等について研究し、実践しています。だからこそ、常時満室を維持できているのです。

　何よりも情報がものをいう時代です。ボロ物件投資においても、データ活用を行うことは理にかなっていると感じています。

　もちろん、誰でも最初からどんどん買い進めて、大規模で有利な条件で始められるわけではありません。しかし、コツコツと続ければ人生を変えられる大きなインパクトを得られるのがボロ物件投資です。

　実際に、ボロ物件投資でセミリタイアを果たした方も多くいらっしゃいます。また、老後の収入の積み立てとして、資金が貯まるごとに物件を1つず

つ買うことを楽しみにされているご夫婦もいます。

　脇田式「大規模ボロ物件投資術」ともいうべき本書の手法は、ある程度の手持ち資金がある方はもちろん、現時点では手持ち資金に限りがあるけれど、コツコツと長期的に収入を拡大していきたいという方にも、最良の選択の一つだと実感しています。

　コロナ後の世界は、これまでとは少し違う雰囲気です。個人での投資や積み立てが当たり前の世の中に一変しました。

　為替や金利も動いています。不安の多い時代、リスクを極力抑えたボロ物件投資の価値は、さらに高まっていくと私は確信しています。

　最後に、この場をお借りして謝辞をお伝えしたいと思います。

　これまで様々な形で私の不動産投資を導いてくださった、さくら事務所の長嶋修様・大西倫加様、健美家でコラムを執筆する機会をいただき多くの方々と知り合う機会を下さった健美家の創業者である萩原知章様、倉内敬一様、皆様のおかげで今の自分があります。改めましてお礼申し上げます。

　また、通算16冊目となる本書出版の機会を頂きました、夢パブリッシングの大熊編集長様、版元であるごま書房新社の池田社長様、1冊目から継続して原稿作成のお手伝いをしていただいている、加藤浩子様にもお礼申し上げます。

　本書が、ボロ物件投資に挑む、多くの皆様のお役に立つことを願っております。

　2024年　1月吉日　活気の戻った長崎空港から大阪行きを待つ間に

脇田 雄太

著者略歴

脇田 雄太 （わきた ゆうた）

元サラリーマン、現在は中古アパート・戸建て専門の大家さん。大阪・長崎2拠点の脇田雄太事務所代表。愛称は"ワッキー"

1977年生まれ。大阪府出身。立命館大学政策科学部卒。在学中、通商産業省（現：経済産業省）、日本アイ・ビー・エム株式会社にてインターン後、新卒でリクルートグループ入社。在職中の2007年、大阪府下に中古マンション1棟を購入したのを皮切りに、合計7棟32室の投資用物件を取得しセミリタイア、専業大家となる。

2009年に「脇田雄太事務所」代表として起業、大阪・長崎を拠点に活動中。投資規模としてはボロ戸建を中心に、合計100室超の投資用物件を取得、家賃年収は5000万円（キャッシュフロー 4000万円）を超えている。『日経マネー』『エコノミスト』などビジネス誌へのコメント実績多数、セミナー講師としても、全国賃貸住宅新聞社をはじめ多くのセミナーに招かれるなど人気を博している。

著書に『"激安物件"から手取り年収4000万円⁉ ワッキー流"超"キャッシュフロー投資術』『"5万円"購入ではじめる「副業」不動産投資』（共にごま書房新社）ほか、計16作執筆。

- ●脇田雄太事務所公式ホームページ　https://wakita.in
- ●長崎のボロ物件投資を楽しむ〈脇田雄太〉のブログ　※ほぼ毎日更新！
  https://ameblo.jp/wakitayuta/
- ●脇田雄太のコラム
  （国内最大級・不動産投資と収益物件の情報サイト『健美家』にて）
  https://www.kenbiya.com/column/wakita
- ●大好評！YouTubeチャンネル
  『ボロ物件専門大家　脇田雄太【ワッキー】チャンネル』
  https://www.youtube.com/@yuta_wakita

最新カラー版
"5万円" 以下の「ボロ戸建て」で、
今すぐはじめる不動産投資！

著　者	脇田 雄太
発行者	池田 雅行
発行所	株式会社 ごま書房新社
	〒167-0051
	東京都杉並区荻窪4-32-3
	AKオギクボビル201
	TEL 03-6910-0481（代）
	FAX 03-6910-0482
企画・制作	大熊 賢太郎（夢パブリッシング）
ブックデザイン	井関 ななえ（エメ二ケ）
カバーデザイン	堀川 もと恵（@magimo創作所）
編集協力	加藤 浩子（オフィスキートス）
印刷・製本	精文堂印刷株式会社

学べる不動産書籍が満載

ごま書房新社のホームページ
https://gomashobo.com
※または、「ごま書房新社」で検索

～初心者でも安心！「少額・高利回り・満室」でコツコツ「積み立て型」不動産投資～

"激安物件"から手取り年収4000万円!?
ワッキー流"超"キャッシュフロー投資術

元サラリーマン大家 **脇田 雄太** 著

"ワッキー"こと脇田雄太による超キャッシュフロー投資術を初公開！書店やAmazonで大反響の一冊！

【手残りを増やし、売却、老後まで安心！ 資産を大きく拡大する戦略とは】

ローンなし、少額スタート、利回り15％以上を目指すワッキー流ボロ物件投資の最新手法。「1200万円で購入した2棟のアパートを利回り40％、年間840万円のキャッシュフローで運営」「30万円で購入の戸建てを利回り50％、年間48万円のキャッシュフローで運営」など、自身がおこなっている投資事例や、新築物件レベルに仕上げるリフォーム例をもとに、初心者にもわかりやすくボロ物件投資をはじめるステップを紹介。築古物件での不動産投資を始める前にぜひ知っておきたい内容満載の一冊。

定価1870円(税込) 四六版 モノクロ208頁 ISBN978-4-341-08825-5 C0034